图号 沪S[2023]097号

图书在版编目（CIP）数据

申城阡陌　轨道共生/高岳编著.—北京：中国建筑工业出版社，2023.12
ISBN 978-7-112-29303-2

Ⅰ.①申⋯ Ⅱ.①高⋯ Ⅲ.①城市铁路-轨道交通-研究-上海 Ⅳ.①U239.5

中国国家版本馆CIP数据核字（2023）第214806号

责任编辑：滕云飞
责任校对：王　烨

申城阡陌　轨道共生
上海市城市规划设计研究院　高岳/编著

*

中国建筑工业出版社出版、发行（北京海淀三里河路9号）
各地新华书店、建筑书店经销
临西县阅读时光印刷有限公司印刷

*

开本：787毫米×960毫米　1/16　印张：8¼　字数：164千字
2024年4月第一版　2024年4月第一次印刷
定价：98.00元
ISBN 978-7-112-29303-2
（42040）

版权所有　翻印必究
如有内容及印装质量问题，请联系本社读者服务中心退换
电话：（010）58337283　QQ：2885381756
（地址：北京海淀三里河路9号中国建筑工业出版社604室　邮政编码：100037）

申城阡陌　轨道共生

上海市城市规划设计研究院　高岳/编著

中国建筑工业出版社

编委会

主　　任：张　帆　熊　健
副 主 任：高　岳　赵宝静　金忠民　张　逸
编委成员：郎益顺　金　昱　刘　涛　易伟忠　张安锋
　　　　　张天然　訾海波　蔡秀武　骆　惊　刘根发
　　　　　奚文沁

编写组

主　　编：高　岳
副 主 编：郎益顺　金　昱　刘　涛
参　　编：（以下按姓氏笔画）
　　　　　马士江　王　波　朱　博　朱伟刚　朱春节
　　　　　牟金叶　苏红娟　吴　迪　张天然　张安锋
　　　　　陈　鹏　邵　瑛　易伟忠　黄　骁　崔以晴
　　　　　訾海波　詹庭坚　解英堃　蔡　颖　蔡明霞
　　　　　潘茂林　魏　威
采　　编：吴　迪　奚仁杰　邱旭峰
审　　校：郎益顺　易伟忠

序

在人民城市信念指引下，交通的"旋律"在上海这座城市奏出盛世乐章，八百余公里的轨道交通网络在申城的地下、郊野阡陌纵横，延展着它发展的蓝图，涌动着上海向前的思潮，与这座远东第一大城市共生、共融，也伴随了上海建设国际化大都市和迈向全球城市发展的每一段旅程。

上海的历次轨道交通线网规划，一直秉持了知往鉴今、超前谋划、系统先进、规划协同的原则和理念。改革开放之后，结合1984年的上海市城市总体规划，市规划院研究了中心城的轨道交通线网规划，并充分考虑了浦东开发开放的国家战略。1999年，按照特大城市的发展要求，在编制城市总体规划期间，又专题组织开展了《上海市城市轨道交通系统规划》国际方案征集，充分借鉴、消化和吸收了特大城市发展轨道交通的系统层次和功能、网络化组织、规划标准等。同时，根据上海的综合交通特点，制定了既符合上海发展现状，又可以支撑市域空间体系和引导城市发展的多层次轨道交通线网体系。此后，市规划院的同志们在市领导和各个单位的支持下，结合城市建设重点和发展方向，不断地充实和提升网络功能，完成了超过3个1 000 km的轨道交通网络发展蓝图，培养了一支精心钻研的交通规划队伍。

市规划院的规划工作者们，一直长期研究和深化上海的轨道交通网络。而在当前，我国的轨道交通发展已进入了一个新的阶段,已经有近50个城市开展了轨道交通的规划和建设工作,大家在工作中总是碰到各类的技术问题,期望通过本书与全国的同行们分享上海经验。

作为曾经的轨道交通规划的见证者,期望生活在上海这座城市的市民、各行各业的朋友们,在阅读本书的过程中,了解轨道交通和城市共同生长的历程,体会规划工作者的精神、思考以及缘由,引起大家的共鸣。

在高等院校和科研院所中,有很多青年学生和科技工作者,也在开展轨道交通的研究工作和学习工作,本书的编著者也是经过了规划设计专业历练后成长的实践者,他们的心得和经验,期望对读者今后的学习有益。

在这一超大网络的建设和运营中,历届领导、国内外和上海的专家和学者,也倾注了大量的精力和心血,不断地凝聚智慧,形成了这张网络。期望本书的出版能够体现这一奉献,并感召更多的城市规划建设者们在城乡规划和轨道交通规划中总结、分享、交流自己的学术体会,成就"国之大者"。

夏丽卿

前　言

自1863年世界第一条地铁在伦敦诞生以来，城市轨道交通的建设发展已经走过了百余年的历程。我国虽然从20世纪60年代就开始建设地铁，但真正开始规模化发展只有二十多年的时间，相较于欧美、日本等发达国家，我国轨道交通规划建设发展起步较晚，但我国轨交发展速度之快，属世界罕见。目前，中国城市轨道交通运营里程和客流规模均跃升为全球第一，是名副其实的轨道大国。

早在20世纪50年代，上海就提出了建设地铁的构想，并开始了一系列的探索实验。"二五"期间，按照"平战结合""战备为主"的指导思想，规划提出了"环+射线"的地铁网络雏形；20世纪80年代，在《上海市城市总体规划方案》[①]研究中，谋划了176 km的轨道交通网络；20世纪90年代，上海对轨道交通网络又进行了提升，提出了除地铁模式外，需要结合城市发展布局，适应不同区域，发展2~3种不同的轨道交通模式，形成由地铁线、轻轨线、市郊铁路构成的基本框架，其中浦东以轻轨为主。随后，上海自1990年起逐步开始了6条线路的建设。

进入21世纪，在《上海市城市总体规划（1999—2020年）》[②]确定的810 km轨道交通网络规划的基础上，2002年上海市结合城市规划和发展的可持续性，开始了轨道交通基本

---

① 后文中简称《1986版总规》。
② 后文中简称《2001版总规》。

网络规划，基本网络方案由市域线、市区地铁和市区轻轨共11条线路组成，总里程约为410 km。后至2008年，世博会申办成功，上海的轨道网络又经过优化调整，规划总里程突破了1 000 km，此后正式进入了网络化建设时代。

尤其是在《上海市城市总体规划（2017—2035年）》[①]编制期间，按照五个中心的城市发展目标，新一轮轨道网络规划深化后形成市域线、市区线、局域线共3个层次、各1 000 km的多模式轨道交通网络。此后，按照长三角区域一体化、虹桥国际开放枢纽、自贸区临港新片区、五大新城等重点和战略发展区域，轨道网络又进一步优化和呼应了国家发展战略，并加强和深化了与空间布局的协同。当前，市域线和局域线的研究课题也在结合都市圈、国家枢纽等方向不断地加强认识、深化方案，本书吸纳了部分模式研究成果。

本书分为四个章节：

第一章，探索与跨越。本章详细介绍了上海轨道交通从早期的工程实践探索，到基本网络的构建，再到轨道模式变革、更大规模网络规划的发展历程。

第二章，传承与反思。本章总结了上海轨道交通经几轮规划建设形成的一系列发展成就，讨论了上海轨道交通发展理念、网络模式、网络形态和网络效益等基本问题。

第三章，创新与引领。本章结合上海新一轮轨道交通线网规划编制工作，介绍了上海面向新时期更高水平、更高标准、更高质量的网络发展要求，提出了轨道交通规划的新目标、新内涵、新技术和新理念。

---

① 后文中简称"上海2035"总体规划。

第四章，梦想与展望。本章展望了未来轨道交通在车辆制式、多层次网络联通模式以及新技术赋能轨道交通智能化等方面的突破，描绘了轨道与城市空间共生发展、塑造引领新生活方式的美好祈愿。

轨道交通规划中会不断出现新问题、新目标，同时也会不断产生新观念、新方法，希望本书的出现能够让城市规划、设计和管理人员，更全面地了解上海市轨道交通网络规划的历程，引发共鸣与思考，并希望能为我国轨道交通事业的发展提供一份绵薄之力。

书中的部分内容，结合了《上海城市规划志》的撰写内容和编者规划工作的积累和回顾，也许不能更确切地反映各方共识，请读者们理解。最后，衷心感谢在上海市轨道交通规划、设计和管理中做出贡献的各级领导和相关的专业技术人员。

编　者

2023年4月

上海市轨道交通规划编制研究历程

1956年，编制完成《上海市地下铁道初步规划（草案）》；

1986年，编制完成《上海市快速有轨交通系统规划图》；

2001年，编制完成《上海市城市轨道交通系统规划》；

2003年，编制完成《上海市轨道交通基本网络规划》；

2005年，编制完成《上海市城市快速轨道交通近期建设规划（2005—2010)》；

2008年，编制完成《上海市城市轨道交通系统网络规划（2008年）》；

2010年，编制完成《上海市城市轨道交通建设规划（2010—2015年）》；

2017年，编制完成《上海市轨道交通线网规划（2017—2035)》；

2018年，编制完成《上海市城市轨道交通第三期建设规划（2018—2023年）》。

目 录

第一章　探索与跨越　　　　　　　　　　　　　1

　　一、早期探索 / 2
　　二、初期谋划 / 7
　　三、建设起步 / 9
　　四、整体谋划 / 13
　　五、高速发展 / 18

第二章　传承与反思　　　　　　　　　　　　　27

　　一、发展成就回顾 / 28
　　二、多模式再反思 / 34
　　三、网络形态再审视 / 45
　　四、网络效能反思 / 56
　　五、公交往何处去 / 63

第三章　创新与引领　　　　　　　　　　　　　69

　　一、目标内涵提升 / 70
　　二、规划理念创新 / 80
　　三、资源共享集约 / 88

四、科学精准评价 / 93

第四章　梦想与展望　　　　　　　　　　99

　　一、轨道交通新模式 / 100

　　二、轨道生活新方式 / 110

　　三、轨道城市新空间 / 112

参考文献　　　　　　　　　　　　　　117

第一章
探索与跨越

交通工具的发展推动着人类文明的进步。在人类历史发展的大部分时间里,交通工具主要依靠人力和畜力车。直到第一次工业革命结束,伴随着蒸汽机车的轰鸣声,地铁进入城市生活,并逐渐成为城市公共交通的宠儿。1863年,世界上第一条地铁诞生于英国伦敦。20世纪初,有轨电车和铁路引入我国。中华人民共和国成立后,党和国家十分重视大城市轨道交通的规划建设,开展了大量的基础研究和技术储备,不断进行工程建设尝试,为日后轨道交通的全面建设奠定了良好的基础。20世纪90年代,轨道交通的建设成为上海城市交通基础设施升级的主流,至今方兴未艾。

百年大计,规划为先。只有高屋建瓴,才能绘制美好蓝图,不负使命。鉴古知今,从上海轨道交通的发展历程中,可以让大家更好地了解上海,进而谙熟轨道规划的初心。

一、早期探索

纵观世界各大城市轨道发展历程,轨道交通是城市交通发展到一定阶段的必然结果。随着市民人口增加,容量相对有限的道路网无法继续承载持续增长的市民出行需求,于是,更快、更大容量的地铁系统就呼之欲出了。在探究轨道网发展脉络之前,需要首先明确一点,从道路到轨道是交通系统的升级迭代,简而言之,道路网络孕育了轨道网络。

道路网络是城市的基本骨架,也是轨道交通建设的重要基础。回顾上海首次城市总体规划的编制,虽年代久远,但仍可从中发现,上海的交通发展始于道路系统建设,并超前提出公共交通优先发展的理念。

上海开埠后设立租界,1927年,上海被定为特别市,开始围绕江湾国民政府所在地开展首次统一的城市规划——《大上海计划》。1928年,上海市先后编制了《上海市中心区域道路系统图说明书》和《上海市全市分区及交通计划图说明书》,为当时的交通系统建设指明了方向。

1931年11月,上海市编制的《大上海计划图》对市中心的水陆交通、市政交通、文化体育设施等做了具体规划。《大上海计划图》是上海历史上第一个全面、大型、综合的都市发展总体规划,但这一规划因抗战的爆发而暂停。

1945年抗日战争胜利后,上海市政府组织编制了《大上海都市计划》。该计划提出,随着城市扩张、社会经济的发展,人力交通必然被现代化的机动化交通工具所替代,未来上海小汽车数量、公共交通客运量都将会有较大幅度增加。要解决未来上海的城市交通问题,应积极鼓励公共交通出行。但由于旧上海核心区域由各个租界组成,各租界间道路衔接很差,原有的道路系统已无法应对增加的客运交通。因此,计划提出了一系列完善道路系统的对策,并结合各区道路条件、经济条件和客流需求规划公共交通线路（包括有轨电车、无轨电车、公共汽车）。

1949年5月27日，上海解放后，《大上海都市计划》编制工作继续开展。《大上海都市计划》充分研判了上海的交通特征，对上海城市现代化和交通现代化进行了超前分析和规划布局，为上海公共交通发展奠定了坚实基础。

（一）发展有轨电车

有轨电车是公共交通的前身。有轨电车在上海的发展，从20世纪初兴起到20世纪70年代衰落，跟随上海城市现代化的脚步，一步一步见证了公共交通系统的发展，也为轨道交通的兴盛埋下了希望的种子。

随着城市规模的扩大和人口的集聚，交通问题日益复杂，大城市开始探索更高效的公共交通方式。18世纪，欧洲城市建设了供马拉车辆行驶的固定轨道，被视为城市轨道交通的雏形。19世纪工业革命后期，沿轨道行驶的电力驱动车辆的发明，被视为现代轨道交通的诞生。1881年，世界上第一辆有轨电车诞生于德国柏林。到20世纪初，有轨电车成为欧美发达国家城市的主要交通方式之一。

传统有轨电车建成后不久就传至中国。1899年，中国第一条有轨电车在北京建成。作为电力驱动的交通工具，发电供电系统是保障性基础设施之一。早在1882年，上海工部局采购美国设备，在南京路51号创办了第一座发电厂。上海供电试验[①]的成功，加速了上海在英、法租界内设置有轨电车的进程。但由于清政府与租界管理政府对新事物均比较保守，当时仅成立了电车设计委员会。

直到1905年，经过反复的审议和磋商，上海工部局终于与英国布鲁斯皮·庞波尔公司签订了为期35年的电车专营合同。该公司随即在公共租界赫德路[②]购地12亩建造车库，并将工程承包给美国哈珀兄弟公司。次年，布鲁斯皮·庞波尔公司又将经营权转让给英商上海电车公司。

1908年3月5日，上海第一条有轨电车线路正式运营，线路全长约6 km。1912年4月，北洋政府创办上海华商电车有限公司。1913年8月11日，全部由中国人设计施工的华商第一条有轨电车线路正式运营，线路由十六铺至南火车站，全长约4.8 km。截至1937年8月13日，上海已建成25条有轨电车（外商18条，华商7条）和11条无轨电车（外商10条，华商1条）线路。

1937年到1949年间，由于战争、经济下滑等因素，上海有轨电车发展基本停滞，并遭到了严重破坏。随着中华人民共和国成立后的

[①] 1882年，上海在南京路、外滩至虹口招商码头布设约6 km长的线路，同年7月26日，15盏弧光灯的供电试验成功，上海就此成为仅次于法国巴黎、英国伦敦的第三座具备城市公共照明路灯的城市。

[②] 今常德路静安寺地铁站附近。

不断恢复，到1959年，上海市有轨电车线路总长约72 km，保有车辆360辆。此后，由于多种原因，上海有轨电车逐步没落，被无轨电车和常规公交车替代。

20世纪60、70年代的上海，城市人口激增，公共交通需求增长迅猛。为了缓解"乘车难"矛盾，上海从苏联引进一批两节车厢的大容量铰接式公交车，俗称"巨龙车"。"巨龙车"车厢可容纳140位乘客，是当时单节公交车车厢载客量的两倍。1961年12月，第一辆"巨龙车"21路公交开通。

发达的公共交通系统是城市现代化的标志之一。自上海第一条有轨电车线路正式运营起，上海的地面公共交通系统在维持上海城市的正常运转、保障市民交通出行方面都做出了重要贡献。但受制于上海路网南北不通、东西不畅，以及铁路与河流阻隔形成的"蜂腰"地区①的影响，随着交通需求日益增长，单纯依靠地面公交已经很难支撑城市综合交通系统的高效运行。

（二）线网规划雏形

真正开始谋划轨道交通，始于战备的需要，很多城市都有这样的特点。中华人民共和国成立以来，上海也在逐步探索开展以地铁为主的轨道交通网络规划研究工作。而最早规划建设地铁，更多是从备战而不是交通的角度考虑，这就带来一系列问题，例如地铁埋深、站点规划。当然，轨道网络雏形的形成也经历了多轮的研究和优化。

1950年，苏联市政专家团来沪，时遇"二·六"大轰炸②，专家团建议上海修建地下铁道。1953年，苏联城市规划专家穆欣来沪指导编制城市总体规划期间，提出规划建设轨道交通南北线和东西线两条线路的设想。南北线自徐家汇经北火车站③至吴淞，东西线自杨树浦底经静安寺至中山公园，两线在人民广场交会。

1956年，上海市编制《上海市地下铁道初步规划（草案）》及一期工程建设计划，规划总长31 km的3条线路。由此，上海第一个地下铁道路网规划（草案）诞生。

1959年，上海有关部门对全市109万职工进行了居住点至工作点的出行分析。研究发现，居民通勤出行呈现以人民广场为中心、环形放射的"3环8向"的流向特征。因此，这一时期编制的地下铁道规划采用直径线和环线组成路网，将城市主要工业区、居民区、交通大集散点和军政首脑机关连结起来。

---

① 交通蜂腰地段是交通集中之处，车速和通行受很大阻碍，常成为疏解道路交通的难点。

② "二·六"大轰炸，1950年2月6日，国民党空军出动轰炸机和战斗机对上海实施轰炸。

③ 今上海火车站。

1958年,江苏省的嘉定县、松江县、上海县等10个县划归上海,上海市行政辖区面积从606 km² 扩大为6 185 km²。随后,上海组织编制完成《关于上海城市总体规划的初步意见》,提出"逐步改造旧市区,严格控制近郊工业区的发展规模,有计划地建设卫星城"的城市建设和发展方针。此后,在1964年、1965年、1973年和1975年,上海又对轨道交通网络进行了局部优化。

(三) 地铁工程试验

"上海能不能建地铁?"这一问题曾经困扰着决策者与社会公众。作为河海口的冲积扇平原,上海地质条件不良,工程实施条件复杂。在上海软土地基里修建轨道交通,被比喻为"豆腐里打洞",难度可想而知。为此,上海在谋划轨道交通网络布局的同时,也在积极开展工程试验,希望能够早日突破技术瓶颈,早日实现上海的"地铁梦"。

"深埋?中埋?浅埋?"上海地下铁道的功能定位经历了由"平战结合,以战为主"的深埋方案到以交通分流为主要目的的中浅埋方案的演变。1956年,出于战备要求,《上海市地下铁道初步规划(草案)》考虑将地下铁道建在地面以下50 m处,以防止包括原子弹在内的各种爆炸影响,在战作时作为民防掩体或部队调动与人口疏散的运输设施。驻沪部队提出,以上海所处的战略地位,地下铁道必须深埋,设计深度应以能防御大型原子弹的破坏为标准,郊区埋深30 m以下,市区埋深100 m以下,对军事行动有特别重要意义的区段尽可能埋入基岩。1957年,苏联专家访沪,提出以上海的地质条件地下铁道只能浅埋,深埋会破坏地面建筑物和地下管道。地下铁道筹建处于同年10月编制了地下铁道深埋(60 m以下至基岩层)、中埋(40~60 m)、浅埋(覆土10 m左右)网络及施工技术比较方案。

1965年,《上海市地下铁道第一期工程计划任务书》中提出全长约6.9 km的一期工程计划。衡山路段试验工程是上海地铁南北线一期工程的组成部分,是出于战备考虑的采用盾构法[①]建造大断面隧道的试验工程。通过这一试验工程,上海基本掌握了在饱和含水软土地层中,采用气压盾构法掘进和单层装配式钢筋混凝土衬砌结构建造隧道的主要技术。

受制于当时的社会经济和技术水平,上海轨道交通经历了长期的摸索阶段。上海从规划、建设等方面开展了持续的规划和试验研究,完成了大量的基础性准备工作,为后续轨道大都市的快速发展奠定了良好基础。

---

① 盾构法是城市地铁施工中一种重要的施工技术,是在地面下暗挖隧洞的一种施工方法。它使用地铁盾构机在地下掘进,在防止软基开挖面崩塌或保持开挖面稳定的同时,在机内安全地进行隧洞的开挖和衬砌作业。

图1-1 《大上海计划》上海市中心区用地布局图

图1-2 《大上海计划》上海市中心区道路系统图

图1-3 1959年上海城市总体规划方案一
(资料来源:《循迹、启新:上海城市规划演进》2007年)

图1-4 1959年上海城市总体规划方案二

二、初期谋划

改革开放之初，百废待兴，轨道交通的建设成本较高，更是"奢侈品"。即使对于经济条件居于全国前列的上海，其大部分交通策略仍聚焦于偿还历史欠账和解决当时的供需矛盾，但城市精神推动着改革者们对轨道交通进行了超前的谋划和长远的思考。

借助1986年和2001年两轮城市总体规划编制的契机，结合城市空间格局和综合交通系统的新变化和新要求，上海不断优化着轨道交通规划。这一时期是上海轨道交通起步和腾飞的关键阶段，形成了系统性的轨道交通网络规划成果，有力衔接了城市规划建设，有效指导了轨道交通项目实施，为缓解道路交通拥堵、支撑城市空间发展做出了重要贡献。

（一）地面公交亟待升级

地面公交的运量是相对有限的，随着客流需求的进一步增长，地面公交难以为继，地铁的发展应运而生。

伴随着人口的快速集聚和社会经济的快速发展，上海城市空间快速拓展。为了更好地掌握交通出行特征，上海于1981年和1986年进行了两次居民出行调查。与20世纪50年代开展的交通调查结果相比，上海交通流量大大增加，但整体流向并无较大变化。上海的地面公共交通已经逐渐成长为一个四通八达、覆盖面广、线网密度高、发车频率高、车身容量大、具有多层次结构的庞大的交通网络，郊区卫星城和外围工业区是客流吸引的主要方向，呈现客流量大、通勤出行距离长的特征。

根据调查，全市公交线路中每日客流超过20万人次的线路有16条，全日单向断面客流超过10万人次的有17条通道，超过地面公共交通的实际运载能力，在这些通道方向上亟需规划大容量快速公共交通工具。

（二）空间格局深刻变化

城市形态的演变与交通工具的升级可谓是密不可分，并相互影响。不断扩张的城市需要地铁这样的快速交通工具满足市民的出行需求。同时，地铁也是城市组织范围扩大的"助推器"。改革开放后，上海的城市空间格局发生了深刻变化，交通系统也需要进一步推动城市布局的优化。

20世纪80年代，上海启动城市总体规划编制。1986版总规为上海城市空间发展明确了总体方向。上海定位为我国最重要的工业基地之一，也是我国最大的港口和重要的经济、科技、贸易、金融、信息、文化中心，到2000年全市人口规模控制在1 300万人。此外，当时上海日均流动人口超过100万人，因此，城市基础设施和公共服务设施的容量应考虑流动人口增长的需要。

城市总体布局方面，规划提出建设和改造中心城，积极开发浦东地区，发展卫星城并有

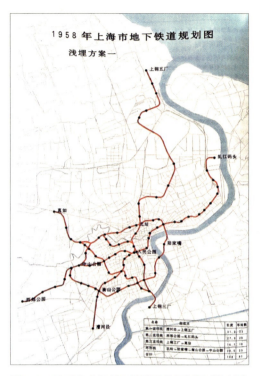

图1-5 1958年上海地下铁道网络规划图（资料来源：《上海城市规划志》1999年）

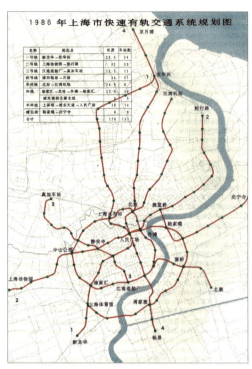

图1-6 快速有轨交通方案图（资料来源：《上海城市规划志》1999年）

计划地建设郊县小城镇，使上海形成"中心城、卫星城、郊县小城镇和农村集镇"四个层次的城镇体系。

（三）轨道线网格局初显

在交通调查的基础上，结合城市空间发展要求，上海开展了轨道交通网络规划[①]，当时的规划方案是规划形成总长176 km、137座车站的网络。网络以人民广场为中心，通过直径线向外放射和环形线连结构成网络，使各主要工业区、住宅区、商业和文化服务区，都能与市中心区有便捷的交通联系。

随着国际形势的变化，国务院在1986年10月13日对《1986版总规》的批复中指出："……着手建设地铁工程。地铁的建设应当从交通分流的角度出发，采用先进技术，降低工程造价，加快工程进度"，为20世纪上海地铁建设的起步指明了方向。

---

① 线网规划是地铁建设的基石。地铁线网规划是在城市发展战略、土地利用规划的基础上，根据客流预测分析，充分考虑交通与城市发展之间的关系，选择方便市民出行、适应城市可持续发展的布局。

三、建设起步

依据《1986版总规》中轨道交通网络规划方案，结合前期地铁试验工程经验，上海经有序统筹后开展了1号线、2号线、3号线、4号线、5号线等部分区段的建设，后期在浦东开展了6号线的建设，标志着进入地铁建设起步期。在当时的经济条件下，上海地铁的建设规模无疑是十分超前的，上海综合交通进入了一个全新的发展阶段。这6条线路是上海网络的雏形，6号线即PD-A线，成为浦东开发的探路者。

（一）1号线（南北线）

轨道交通1号线即早期规划的轨道交通南北线，连接宝山、闵行两个公共交通矛盾大的产业区和中心区。地铁1号线北起宝山吴淞，经宝山区彭浦地区至火车站、人民广场向南至徐家汇和莘庄地区。其中1号线的中段途经当时上海的城市中心地区——人民广场、最重要的对外客运枢纽——铁路上海站、重要的商业中心——淮海中路、重要的南北向交通走廊——沪闵路等，是上海轨道交通网络中整体功能和客流效益最为突出的一条线路。

上海地铁1号线一期工程于1990年开工，1995年4月10日建成通车。南起锦江乐园，经沪闵路、漕溪路、衡山路、淮海中路，自嵩山路向北折向人民广场，经新闸路穿越苏州河到达铁路上海站，全线长16.1 km，设车站13座。1号线南段延伸至莘庄，于1997年7月通车。

在1983年建设铁路新客站[①]时，穿过铁路上

[①] 现铁路上海站。

图1-7 地铁1号线汶水路站：城市高架道路下的轨道交通线路与车站（资料来源：作者自摄）

海站的地铁车站折返段①与铁路车站主体同步规划、同步设计、同步建成，实现乘客可以通过火车站出口地道直接进入地铁车站乘车，大大方便了旅客出行。但与此同时，作为上海市中心的多线换乘枢纽车站，人民广场车站由于建设期限和造价费用等种种原因，未采纳与其他规划轨道线路同台换乘的方案，给换乘带来不便，后期进行了两次改造。

（二）2号线（东西线）

轨道交通2号线即早年规划的轨道交通东西线，这条线路的规划见证了浦东开发开放的历程。在浦东开发开放前，上海的城市发展轴线一直是沿黄浦江向南北两翼发展。1990年4月，中共中央、国务院宣布上海浦东开发开放。当时，市区浦东浦西之间的通勤交通缺少可供通行的桥梁和隧道，仅有1971年建成的打浦路隧道和1989年建成的延安路隧道，主要的越江交通方式依赖黄浦江上的21条轮渡航线，但雨雾天能见度低时必须停航，对浦江两岸的人员往来造成极大影响。地铁作为重要的交通工具和城市发展引擎，为更好地助力浦东开发开放，地铁2号线规划走向进入浦东的陆家嘴地区和张江地区。

1992年12月，《上海市地铁二号线选线规划》编制完成，地铁2号线浦东段经陆家嘴，沿规划的世纪大道至张江高科技园区，并保留继续向东延伸至浦东国际机场的可能性。地铁2号线西起虹桥国际机场，沿天山路向东，经北新泾、中山公园、静安寺、南京西路、人民公园，再沿南京东路过黄浦江，经陆家嘴路、杨高路至花木地区的龙东路规划浦东火车站，全长27 km，设车站17座。

1995年12月30日，地铁2号线正式开工。2000年6月11日，开通运营首段——中山公园站至龙阳路站，同年12月27日开通运营首段东延伸段——龙阳路站至张江高科站。

（三）3号线（明珠线）

轨道交通3号线的别称是轨道交通明珠线一期。在《1986版总规》中，已经基本确定了中心城的边界，而沪杭老铁路对城市用地的分割比较严重，其外迁和优化也提上了日程，随着3号线的建设，沪杭铁路长期制约中心城西部和北部地区发展的瓶颈也得到了解决。同时，杭州方向的铁路调整至真如地区的上海西站。

3号线的起点在中山路漕溪路立交桥东南侧，终点至宝钢站，全长36 km。1997年7月起，一期工程开始拆除沿线铁轨。2000年12月26日，一期工程开通运营。

（四）4号线（轨道环线）

和大部分建设轨道交通的城市一样，上海发

---

① 地铁折返线是指在线路两端终点站或中心站，为折返列车设置的专供改变列车运行方向的线路。

第一章 探索与跨越

图1-8 地铁3号线宝山路站（资料来源：作者自摄）

图1-9 地铁3号线与4号线分线道岔：宝山站东咽喉（资料来源：作者自摄）

展轨道交通的过程中，选择了构建环线的方案。4号线环状线经过了集中化发展的重点区域，同时兼顾了浦西地区东西线不能覆盖的区域。4号线曾命名为明珠线二期，在实施竣工后，按照线路建设时序命名为地铁4号线，延续至今。

4号线与3号线共线形成环线运营，虽然节约了通道资源和工程造价，但是共线段客流量增长较快，后续需要通过网络优化解决既有环线运能不足的问题。规划在内环线和3号线之间曾预留了两者的分线通道，但由于实施条件困难，目前仍是网络中需要重点解决

11

的问题之一。尤其是高架线路与地下线路的换乘不便,影响了其西段环线功能的发挥。

(五) 5号线(莘闵轻轨线)

轨道交通5号线的前身是莘闵轻轨交通线。20世纪90年代,随着改革开放的不断深入,上海的城市空间格局发生了重大变化,城市化地区不断向外围地区扩展。1992年,国务院同时撤销(老)闵行区、上海县,合并成为新的闵行区,区政府所在地设在莘庄。

老闵行区作为上海第一批卫星城镇,与市区的交通联系一直比较薄弱,历届上海市闵行区人民代表大会一直把解决闵行与市区的交通问题列为头号提案。为有效改善新闵行区与市中心的交通联系,市政府规划地铁1号线延伸至新闵行区的莘庄。为了解决老闵行的交通问题以及带动莘庄与闵行间的用地开发,新闵行区政府率先提出自筹资金修建轻轨交通的设想,虽然莘闵轻轨线是新闵行区内部的交通线,但它不只是闵行区内部一个独立的交通体系,也是上海整个轨道交通体系的组成部分,在莘庄站与地铁1号线、沪杭铁路规划汇合,共同构建综合性的交通枢纽节点。

1993年,莘闵轻轨交通线规划方案得到市政府批复,线路全长约13.8 km。莘闵轻轨线于2003年5月建成,2003年11月25日试运营,线路全长17.2 km,线路均在闵行区辖区内,这也是上海第一条真正意义上的轻轨。

(六) 6号线(浦东PD-A线)

1990年国家宣布开发开放浦东,为浦东地区的发展注入了新的活力,城市功能发生了根本性改变,构建高效便捷的公交体系成为浦

图1-10 地铁6号线巨峰路站(小交路折返站)(资料来源:作者自摄)

东新区发展的必然选择。

轨道交通6号线是当时的城市轨道系统规划中的轻轨A-A线（PD-A），是浦东地区平行黄浦江呈南北方向的直径线。起讫点分别为杨思地区和高桥镇，基本适应了当时浦东开发开放的金桥、高桥和陆家嘴等区域，贯穿了浦东新区的4个分区，为浦东地区的骨干线路。

轨道交通6号线于2002年12月开工建设，2007年12月29日，港城路站—灵岩南路站通车试运营。随着浦东滨江一线地区的开发建设，6号线运能不足的矛盾日渐凸显。在随后的轨道交通规划发展中，通过采用网络加密和换乘分流等措施，不断改善提升线路服务水平。

四、整体谋划

（一）聚焦核心问题

有了6条线的规划基础，轨道交通网络的规模和系统功能以及与城市综合交通的适应性成为规划研究的重点。当时上海的产业结构、城市布局、居民的生活条件还没有那么高，建设多大规模的轨道网络，以及是否将城市交通规划建设的重点投入到骨干道路上，需要审慎的研究和决策。

1. 模式探索

20世纪90年代初期，上海的道路建设重点仍然聚焦于解决日益突出的道路交通矛盾，并开始建设内环线、延安路高架和南北高架。而上海是一个人口和产业都特别密集的特大城市，需要建立一个强大便捷的公共交通客运系统和道路系统。由于上海客运量巨大，地面公交的进一步发展受到道路条件的严重制约，建立城市轨道交通系统，并把它作为城市公共客运系统的骨干，不仅是一项远期战略，更是应该作为一项近期的紧迫任务。

1993年，在上海地铁1号线开通前夕，上海市规划院主持完成了关于"上海市轨道交通模式研究"的课题。研究提出，上海市的道路交通容量无法满足机动化背景下居民日益增长的出行需求，建设轨道交通是解决上海交通问题的唯一出路。

既然要发展轨道交通，就需要回答到底要建设多大规模的问题。研究认为，《1986版总规》提出的上海市轨道交通线网规模远远不够，要大幅度增加。因线网规模扩大，所经地区的城市功能、开发强度、道路条件等差异也扩大，因此研究认为应改变原来的不成文的规定——上海的轨道交通系统采用地铁1号线的统一模式——而应按所经地区的性质、开发强度、其他交通设施的条件等因素，选择采用合适的制式，发展2~3种不同的轨道交通模式。令人欣慰的是，多模式轨道的思想一直沿用至今，《上海2035》总体规划提出的包括市域线、市区线、局域线在内的"3个1 000公里"，是多模式轨道在新时代下的新发展。

2. 规模论证

1996年1月，我们开始编制《上海市轨道交通系统规划方案》，规划提出上海轨道交通由地铁和轻轨组成。规划轨道交通系统由11条地铁线和10条轻轨线组成，线网总长度559 km，外环线以内的轨道线网总长为471 km。

地铁运量大，速度较快，是轨道交通系统中的主要部分。轻轨运量较小（约为地铁的1/3~1/2），结构尺寸较小，因而对环境干扰较小，可以采用高架方式以降低造价，同时施工较方便，建设周期缩短，主要布设在运能需求较小或建地铁有困难处，是对轨道交通线网密度较低处的一种补充。

根据测算，上海主城内需要的地铁标准轨道总长度为401 km。1998年9月，轨道交通网络又进行了优化深化，中心城由11条地铁线[1]和7条轻轨线共同组成一个基本框架，总长度约460 km，中心城外以市郊铁路为主。

3. 空间要求

浦东新区的开发，使城市形态又有了很大的改变，这要求城市基础设施方案作出相应的调整。因此，自20世纪90年代起，上海就启动了轨道交通网络的调整补充工作，包括线网规模扩大、线路走向调整以及轨道模式研究等。到1995年，上海轨道网络已经有了较大的改变，但还缺乏一个系统完善的成果。

（二）优化网络方案

1999年，编制总体规划的末期，根据市政府专题会议提出"轨道交通要有比选方案，要进一步做好上海市城市轨道交通网络规划方案优化工作"的要求，上海市规划局组织开展上海市城市轨道交通网络规划方案的优化工作，编制完成了《上海市城市轨道交通系统规划》。

这一次网络规划提出的规划理念指导了后续很长的一个阶段。规划将轨道交通线网分为市域级（R线）、市区级（M线与L线）[2]、局域级三个层次。市域级线路主要是为整个市域[3]提供快速到达城市各大枢纽的服务，并与国内、国际辐射的重要对外交通设施，如空港、海港、铁路客站等相衔接，是轨道网络的基本骨架。市区级线路主要是为中心区域提供能满足城市活动需要的服务。局域级可以为各局部区域交通需求提供服务，并对前两级网络进行补充。

---

[1] 包括5条直径线、2条快速铁、1条环线、1条半环线、2条短径线。

[2] R线：Regional Rail（区域轨道）；M线：Metro（地铁）；L线：Light Rail（轻轨）。
[3] 市域是指城市行政管辖的全部地域。

在功能细分的基础上,规划提出了"功能分级、枢纽锚固、网络编织、资源共享"四个轨道交通规划的核心理念,对后续国内城市开展轨道线网规划起到了重要的指导和借鉴作用。

- 功能分级:参照国际大都市的轨道交通功能等级的划分情况,根据国际大都市地位及大都市城市活动密切相关性、上海城市的特点,考虑整个市域范围和居民出行确定远期轨道交通线网三个级别的服务等级,即市域级、市区级和局域级。

- 枢纽锚固:通过主要换乘枢纽"锚固"整个网络,使网络清晰,突出轨道线网的结构作用,从而支持城市发展。

- 网络编织:依托功能分级,线网相互编织并互相补充,满足出行的不同需求。

- 资源共享:包括轨道交通网络的设施和人力资源共享,集约节约利用土地。

规划轨道线网由4条市域快速轨道线、8条市区地铁线、5条市区轻轨线共17条线路构成,线网总体规模约为810 km。该方案经进一步优化,被纳入《2001版总规》。这次规划把过去来自各方面的种种意见进行了一次全面的综合审核,结合当前认识和形势进行修编,是经过周密思考完成的可实施的方案。

(三)提出基本网络

建设规模的确定和优先建设线路的选择是轨道与城市发展同步的重要方面。为了更为精准地建设轨道交通,提高投资效益,在网络规划的基础上,选定一些尽快发挥功能的线路优先建设,成为决策者关注的重要问题。根据国际城市轨道交通规划建设经验,大多数城市轨道交通的发展都经历了初始发展期、集中发展期、稳步发展期和成熟发展期四个阶段。上海轨道交通基本网络是以远景网络为依据,以骨架网络为基础,经过集中发展以后,形成功能较完善、能够支撑国际化大都市发展目标的网络。

2001年,国务院批复《2001版总规》。同期,上海轨道交通1号、2号、3号线相继开通运营,线路长度约65 km,轨道交通4号线、5号线也已开工,初步形成了"十字加环"的网络构架。2002年,市领导要求规划单位成立专题研究小组,展开上海市轨道交通基本网络的研究。

1. 主要目标

上海市轨道交通基本网络是以2001年国务院批复的上海市城市总体规划确定的810 km轨道交通远景网络规划为基础,由远景网络中功能排序优先的线路和重要枢纽组成。基本网络应该具有较高的网络效益,具备远景网络的主要功能,对上海建设国际化大都市具有强有力的支撑作用,同时也是轨道交通集

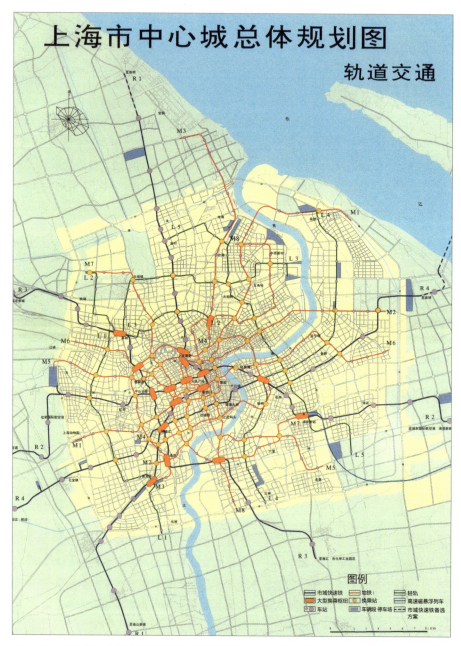

图1-11 上海市中心城轨道交通网络规划图(2001年)(资料来源:《上海市城市总体规划(1999—2020)》)

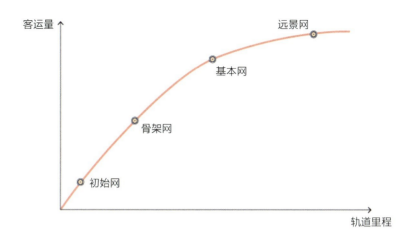

图1-12 上海市轨道交通网络发展阶段示意图（资料来源：作者自绘）

中快速发展阶段的重要依据和指导。

在研究轨道交通基本网络时，研究团队明确了这个基本网络的主要目标，可以概括为：构筑中心城45 min交通圈，确立中心城公共交通的主体地位，明显缓解道路交通压力。

2. 基本网络构成

按照基本网络的总体规划设想，除了当时已建和在建线路外，基本网络的新增线路主要选择原则有3条：

1）能够尽快在中心城内形成轨道交通的主体地位；

2）能够覆盖中心城主要客流走廊、城市副中心和主要活动中心；

3）应兼顾支持城市发展的需要，满足重点郊区城镇和特定地区的服务。

在上述原则基础上，为了支持城市重心的东移，进一步促进浦东新区的发展，形成以西促东，以东带西的格局，基本网络也重点考虑增加越江客运通道。

2002年，经过充分论证和研究，提出的基本网络方案由11条规划线路组成：其中市域线路4条（1、2、9、11号线），市区地铁6条（3、4、7、8、10、14号线），市区轻轨1条，为布设在浦东新区的L4线（6号线）。基本网络方案在市域范围的总里程约为400 km，在中心城范围的总里程约为300 km。

基本网络规划是上海探索有序建设超大规模轨道交通网络的创新规划方法，有效指导了

2002年基本网络方案线路组成情况汇总　　　　　　　　　　　表1-1

线路名称和编号		工程范围	线路长度（km）	中心城长度（km）
R1线	1号线	闵行—泰和路	50	32
R2线	2号线	虹桥国际机场—浦东国际机场	59	31
市域R3线	11号线	安亭汽车城—中山北路—徐家汇—龙华	41.5	17.5
市域R4线	9号线	松江新城—徐家汇—东方路—源深路	46	20
地铁M1线	10号线	新江湾城—环西二大道	29	29
地铁M3线	3号线	铁路上海西站—宝山	39	33
地铁M4线	4号线	宝山路—虹桥路	21.7	21.7
地铁M6线	14号线	铜川路—金桥出口加工区	31	31
地铁M7线	7号线	陈太路—成山路—东明路	24.7	20
地铁M8线	8号线	新江湾城—三林	32	32
轻轨L4线	6号线	高桥—三林	29	29
小计			402	301

（资料来源：作者自制）

后续建设规划[①]的编制和具体项目的实施，也是超大城市对轨道交通网络建设规划的首次探索，为上海轨道交通快速发展做出了重要贡献。

五、高速发展

（一）建成500 km网络

2003年以前，国家对城市轨道交通建设进行严格的管控，要求所有轨道交通建设项目需

---

① 轨道交通建设规划编制的主要内容是确定近期建设的线路以及线路建设的时序。

上报国务院审批。2003年，国务院办公厅印发《关于加强城市快速轨道交通建设管理的通知》，提出城市轨道交通建设规划需报国务院审批，项目由发改委审批。2005年《国务院投资体制改革决定》对北京、上海、广州、深圳等财政能力较强、有建设和运营管理经验的城市，其建设规划审批权下放至发改委，这对上海来说是一个大好契机。在此背景下，上海编制完成了第一轮城市快速轨道交通近期建设规划。

第一次建设规划是上海市城市总体规划实施的重要内容之一。近期建设项目的重点在于增强中心城公共交通的运送能力，提升公共

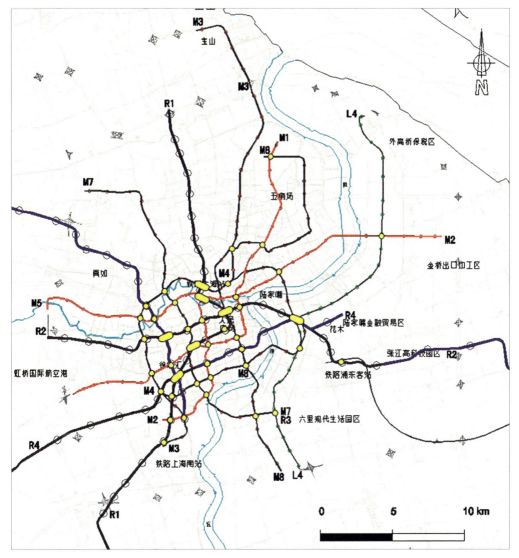

图1-13 上海市轨道交通基本网络规划方案（资料来源：作者自绘）

交通服务水平，同时适度兼顾为城市发展和郊区新城建设提供支持。项目实施后，以人民广场、世纪大道、徐家汇、静安寺等大型换乘枢纽为核心，由辐射线、环线构成的城市轨道交通网络格局基本形成，充分保障世博会举办对城市交通的需要，并为浦东发展、浦江两岸以及全市发展提供了更好的交通条件。

上海市轨道交通近期建设计划表

表1-2

序号	线路名称	建设范围	长度（km）	建设年限（年）
1	R1线（轨道交通1号线）	上海火车站—泰和路 泰和路—富锦路	12.5 4.2	2003—2005 2004—2006
2	R2线（轨道交通2号线）	中山公园—虹桥机场 张江—浦东机场	9.4 29.2	2003—2005 2006—2010
3	M3线（轨道交通3号线）	江湾镇—宝钢	14	2003—2005
4	M4线（轨道交通4号线）	宝山路—虹桥路	22	2003—2005
5	L4线（轨道交通6号线）	高桥—济阳路	33.1	2003—2005
6	M7线（轨道交通7号线）	外环路—零陵路 零陵路—龙阳路	19.7 13.8	2003—2006 2005—2007
7	M8线（轨道交通8号线）	开鲁路—成山路 成山路—济阳路	23.3 2.9	2003—2005 2005—2006
8	R4线（轨道交通9号线）	松江新城—东安路 东安路—源深路	37.5 11	2003—2006 2005—2009
9	M1线（轨道交通10号线）	上海动物园—新江湾城	28.8	2004—2008
10	R3线（轨道交通11号线）	嘉定（安亭）—临港新城	120 （含支线12 km）	2005—2010
11	M2线（轨道交通12号线）	漕宝路—巨峰路	33.3	2006—2010
12	M5线（轨道交通13号线）	金沙江路—不夜城	13	2006—2010
	合　　计	总　　长	427.7	

注：R线是市域级线路、M线与L线是市区级线路。
（资料来源：作者自制）

《上海市城市轨道交通系统规划》提出，到2010年末，基本形成快速、立体、多层面的城市综合交通体系。计划建成总长500 km左右的轨道交通基本网络。届时，轨道交通承担的客运量将从现状的98万乘次增加到855万乘次，中心城公交比重从现状的23%提高到45%，全市公交比重从目前的16%提高到25%。

2003年到2010年，上海将新建轨道交通线406 km，总投资规模1 628.56亿元，加上在建的22 km的4号线和82 km的已运营线路，届时，上海轨道交通网络总长度将达到500 km左右。

(二)持续优化线网规划

1. 城市人口的增长

21世纪的第一个十年,是中国人口城市化和经济发展提速的十年,也是上海人口爆发式增长的十年。《2001版总规》提出,到2020年,上海市常住人口规模为1 600万人。

《2001版总规》实施以来,2007年全市常住人口规模达到1 858万人,提前超过2020年规划目标的16%。因此,上海市对2020年常住人口规模的规划目标进行了调整,提出规划至2020年全市常住人口2 200万,流动人口约400万,基础设施承载能力达到2 600万,中心城人口规模控制在1 000万人。这是符合当时城市发展状况的,但是随着城市的快速发展,人口的发展规模又提前超过了预期。

2. 城市空间的扩张

从城市空间布局来看,在原先"一城九镇"的基础上,上海城市的空间布局将形成"1966"城乡体系①。新城人口规模在30万人以上,新市镇依托市域高速公路节点和轨道交通站点,人口规模在5万人左右。因此,市域空间格局的发展对轨道交通提出了更高要求。

3. 交通需求的增长

经过第一轮建设规划的推进,到2007年底,上海市轨道交通网络运营线路总数达到8条,初步形成了网络化运营,运营线路长度约234 km,形成了"一条环线、七条射线、八个换乘站、九站共线"的网络运营格局。但是,小汽车也增长了122.1万辆,是原来的2倍。内外环间的区域和市通郊的道路已经开始常态化拥挤,越江交通不堪重负,而公共交通总体客运量年均增长率仅为3.9%。轨道交通运输效率的增长和规模的扩大仍然不能满足城市的发展需要。

4. 网络规模的扩大

2005年,轨道交通网络经优化调整后,网络规模约为997 km,相比《2001版总规》批复的轨道交通网络规划,网络结构基本不变,总里程增加了约187 km,主要增加在近郊区。当时,普遍认为上海市轨道网络总规模不宜突破1 000 km,所以对轨道网络规模扩大还是比较谨慎。

2008年,上海市准备启动第二轮轨道交通近期建设规划编制工作。部分拟新建线路与2001年版总规批复的轨道交通网络规划相比发生局部的变化。按照国家相关要求,需要对轨道交通网络进行修编。因此,基于2005年轨道交通网络优化调整方案,结合新的调整变化情况,上海市编制了新的轨道交通网络规划,调整后的网络由22条线路组成,总

---

① "1966"城乡体系指1个中心城、9个新城、60个左右新市镇、600个左右中心村。

长度约为1 051 km，共设587座车站；其中，中心城内线网长度约546 km，车站413座。规划上呼应了重大项目选址和城市发展要求，主要包括虹桥枢纽、保障房建设与高校外迁，以及副中心建设与重大项目服务等局部优化。

（三）突破800 km规模

在线网规划的指引下，上海轨道交通网络的实施遵循了"中心城优先，兼顾重要新城、逐步向外拓展"的建设次序，适应了不同时期城市建设的发展要求，有效地缓解了城市客运供求矛盾，提高了网络客流效益。上海轨道交通建设充分注重"规划统筹、远近结合"的建设策略。为保障2010年上海世博交通运能，2006年至2010年间上海地铁年均开通里程达到61.2 km，实现世博期间轨道交通运营里程400 km以上，这一期间是上海轨道交通网络的大跨越。

尽管第一轮网络规划优化对支持上海城市发展、缓解主要交通走廊的交通矛盾起到了积极作用，但地铁网络的动态优化工作仍在继续，通过对建成轨道交通网络的实施评估，认为第一轮集中建设后的线网在网络结构、覆盖范围、节点支撑和体系优化上仍需要进一步优化提升。

1. 网络结构

上海轨道交通基本网络形成了"中心城十字加环、七横八纵，外围区九向辐射"的网络格局。这一格局能够对中心城和周边城镇起到初步的支撑作用，解决阶段性客流的出行需求。但从网络的基本形态角度考虑，由于基本网络仅由径向线和环线组成，缺乏必要的"切向线"接驳客流，容易造成大量换乘客流、过境客流引入中心城，增加不必要的衍生客流，增大了中心城区客流运输和疏散的压力。线网的形成在一定程度上具有加剧中心城区轨道交通客流压力的负面作用。

围绕这一问题，国际上其他城市的案例告诉我们，"切向线"的规划建设势在必行。轨道交通网络中切线的作用是对轨道交通中心区域形成"保护壳"，避免大量的过境、换乘客流涌入中心城区。在减轻中心城交通压力的同时，缩短过境、换乘客流出行距离，增加线网的可达性功能，并提高线网在中心城核心外围区域的线网覆盖水平。

因此，有必要在新一轮规划建设中增加具有切线接驳客流、保护壳疏解绕行客流功能的线路，使得网络形态得到进一步优化。

2. 覆盖范围

上海轨道交通基本网络建成后，从区域均衡性角度分析，在中心城区仍然存在大量的轨道交通盲点，还存在轨道交通覆盖区域的不均衡问题。从整个上海市域角度来看，相比浦西的黄浦、静安、卢湾、徐汇4个轨道交通高覆盖行政区，中心城区的浦东、长宁、虹口、普陀、闸北、杨浦6个行政区，其线

第一章 探索与跨越

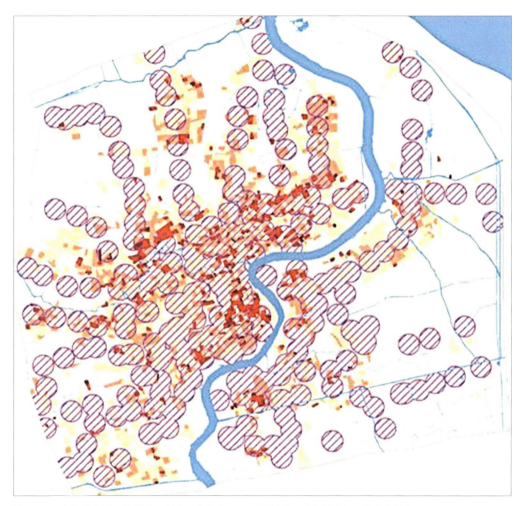

图1-14 上海中心城区轨道交通基本网络站点600 m覆盖情况（资料来源：作者自绘）

网密度和站点密度还存在较大的发展空间。

3. 节点支撑

徐家汇和花木副中心由于特殊的地理位置和开发进程的差异，已经较为成熟。相比之下，真如副中心和江湾五角场的发展进程较为滞后，且基本网络对这两个副中心支持不足的情况势必影响上海市整体规划落实的进程。

从对外交通枢纽服务角度分析，虽然各大对外交通枢纽都有轨道交通线路进入，但对于虹桥枢纽、上海西站、上海南站来说，整体疏解能力仍需进一步加强，区域网络形态还需进一步完善。

4. 体系优化

随着上海轨道交通新建线路的相继开通运营，轨道交通的客流量快速增长，轨道交通在公共交通中的客运分担率也相应逐年增加。但从国际上轨道交通发达的大城市的情况来看，轨道交通客运分担率巴黎为67%左右，伦敦为49%左右，纽约为68%左右，东京市区高达94%。与国外这些轨道交通发达的城市相比，上海轨道交通所承担的公共交通客运比例仍然处于一个较低的水平，仍需要加大建设力度，提升轨道交通客运分担比例。

上海市于2009年开始组织编制第二轮轨道交通建设规划，并上报《上海市城市轨道交通建设规划（2010—2015年）》，其中包括了新建13条线（含延伸线），新增310 km。在方案评审和报批过程中，有专家提出上海轨道交通网络规划由810 km调整到1 051 km，部分线路调整较大，同时考虑到上海城市仍然在快速发展，空间结构在演变中，人口规模不断增长，网络规划仍然存在优化调整的可能性。因此，建议本轮建设规划期限维持在5年，即2010—2015年，新增建设规模为220 km。同时网络规划调整了部分线路，网络规模至1 051 km。国家发展改革委于2010年12月正式批复了上海市第二轮轨道交通建设规划。

上海市第二轮建设规划确定了2010—2020年的近期建设项目共13项[1]，包括5条延伸线和8条新建线，拟建线路总长合计约310 km，车站189座，届时上海市轨道交通线路将达到21条，通车里程约877 km，车站数543座。

从客运规模来看，上海市轨道交通日均客运量将从2012年的720万乘次，增至2020年1 515万乘次，增加1.1倍。其中，中心城轨道交通日均客运量将达到1 385万乘次，增加1.2倍；而郊区轨道交通日均客运量将达到130万乘次，增长30%。全市轨道交通日均客运周转量将从2012年的6 870万人/km增至2020年17 000万人/km，增加1.5倍。其中，中心城轨道交通日均客运周转量将达到12 000万人/km，增加1.1倍；郊区轨道交通日均客运周转量将达到5 000万人/km，增加3.1倍。

从客运结构来看，上海市轨道交通客运分担率将从2012年的44%上升到51%，增长7个百分点。其中，中心城轨道交通客运分担率将从2012年的56%上升到67%，增长了11个百分点。全市轨道交通客运周转量占公共交通的比重将从2012年的52%上升到62%，增长10个百分点。中心城轨道交通客运周转量占公共交通的比重将从2012年的73%上升到81%，增长了8个百分点。

---

[1] 13个项目为轨道交通5号线二期、9号线三期、10号线二期、11号线二期、13号线二期、5号线北段、14号线、15号线、原规划16号线一期、原规划17号线一期、18号线、原规划19号线一期和原规划20号线。

上海市第二轮近期建设规划项目表　　　　　　　　表1-3

序号	项目名称	起讫点/工程内容	长度（km）	车站（座）
1	轨道交通5号线二期	东川路—南桥新城	20.7	8
2	轨道交通9号线三期	松江新城—松江南站 民生路—曹路	6.5 14.5	3 8
3	轨道交通13号线二期	南京西路—张江	22.5	17
4	轨道交通14号线	江桥—金桥	36.4	29
5	轨道交通15号线	陈太路—紫竹科技园区	40.1	28
6	轨道交通17号线（原规划20号线）	虹桥枢纽—东方绿舟	35.2	12
7	轨道交通18号线	场北路—航头	44.3	30
8	轨道交通2号线西延伸段	徐泾东站—蟠龙路	2	1
9	轨道交通3-4号线分线改造	上海火车站—宝山路	2.6	2（改造）
10	宝钢车辆段扩建	新增停车列检26列位 预留14列位	—	—
11	轨道交通8号线三期	航天博物馆—汇臻路	6.6	6
12	轨道交通10号线二期	新江湾城—港城路	10	6
13	轨道交通11号线迪士尼段	罗山路—迪士尼乐园	9.15	3
	合　计		250.55	151

（资料来源：作者自制）

从网络覆盖来看，换乘枢纽总数将从2012年的45座增加到93座，换乘路径增多，乘客换乘更加便捷，系统可达性和可靠性得到进一步增强。

2011年，在已批复的第二轮轨道交通建设规划基础上，上海市相关部门结合网络环线优化、迪士尼建设、宝钢车辆基地改扩建等因素，2010—2016年间规划新建共13项轨道交通工程（含既有线延长线），线路全长约250 km，总投资约1 593亿元。

经过第二轮的轨道交通集中建设，截至2022年12月31日，上海市地铁网络规模突破800 km大关，达到831 km。

第二章
传承与反思

从1990年开始建设轨道交通1号线，上海的轨道交通从无到有，以超常规的发展速度，形成了运营里程达887 km（含金山支线）、日客流高达1 200万乘次的超大规模网络，取得了举世瞩目的成就。在快速发展的同时，上海轨道交通系统的发展也面临着一些问题和挑战，需要不断进行思考，持续加深对轨道交通系统的认识，并不断优化规划理念，支撑和引领空间布局的持续优化。

一、发展成就回顾

（一）理念引领与体系保障

上海市轨道交通发展走在中国城市前列，在探索中国轨道交通发展道路上，充分体现了上海特点。尽管相对于其他国际大都市，上海的轨道交通建设起步较晚，但是受益于科学的"发展理念"和完善的"规划体系"，经过30余年的发展，上海轨道交通发展水平已经迈入世界前列。

1. 规划理念

规划理念是轨道交通线网规划的顶层逻辑，如何保持网络先进，是线网规划的关键问题。在1999年的上海城市轨道交通系统规划中，以功能层次、枢纽和通道为切入点，上海在国内率先提出了"功能分级、枢纽锚固、网络编织、资源共享"的规划理念，充分体现了轨道交通与城市布局协同发展、轨道交通网络化布局的技术思想，对轨道交通网络化建设与发展指导性强，在后续国内多个城市轨道交通线网规划编制过程中也得到了应用。随后，上海市在轨道交通线网实施和深化完善过程中，积极贯彻和延伸了这一理念。

2. 规划体系

上海市轨道交通从网络总图到落地的过程中，既依赖于科学的规划理念，又依托于完善的规划管理体系。在保障轨道交通实施方面，上海市规划部门建立了一套完整的规划传导体系，确保了轨道交通线路顺利地从蓝图到落地实施。

为确保网络功能和稳定建设实施条件，并与城市规划功能深度融合，上海市建立了两个层次、三种类型的规划体系，即总体层次的线网规划（总体规划层次）和详细规划层次的规划

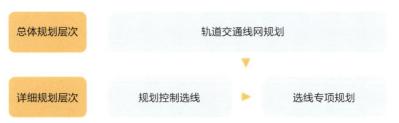

图2-1　上海市轨道交通规划管理体系（资料来源：作者自绘）

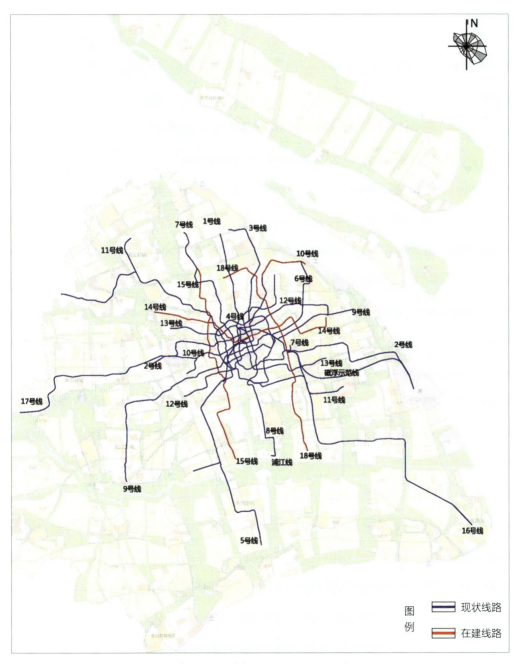

图2-2 现状:轨道交通网络示意图(2018年底)(资料来源:作者自绘)

控制选线、选线专项规划，从宏观、微观等层面有效保障了轨道交通系统化规划建设，强化规划控制，严禁随意调整方案，以保证规划刚性、贯彻规划意图，并减少建设成本。

依托先进的规划理念和规范的规划管理体系，经过近30年的集中、快速建设，上海轨道交通由单线向网络化发展，建成了以人民广场、世纪大道、汉中路、龙阳路等大型换乘枢纽为关键节点，多向辐射、相互交织、功能比较完备的轨道系统，对于合理疏散中心城人口、完善公共活动中心功能、支撑新城建设等方面发挥了重要作用。

（二）客流效益与网络效率

如何评价一座城市的轨道线网？这个问题可以从诸多方面考量，例如运营盈利水平、发车准点率、社会综合效益。从轨道网络效能上来评估，客流效益是绕不开的关键指标。

随着上海市轨道交通网络化建设的推进，上海线网客流增长效率明显快于运营线路长度增长，网络化效益日益显著，上海网络客流强度至今仍保持在全国前列。

换乘系数[①]是体现轨道交通网络效能的重要指数，由于贯彻"枢纽锚固，网络编织"的理念，上海市轨道交通网络形态良好，换乘效率也处在国内前列。网络客运量快速增长

---

① 换乘系数即乘客实际平均换乘次数加1。

的同时，换乘客流量也呈现较快增长。2019年上海轨道交通全网换乘系数为1.75，而同时期地面常规公交的换乘系数仅为1.1左右。回顾近15年来的轨道交通换乘系数变化，换乘系数从最早2004年的1.14，到2019年的1.75，全市轨道交通换乘率呈持续增长态势。随着中外环间网络的进一步完善，换乘系数还将得到进一步的优化。

（三）空间支撑与体系优化

1. 支撑城市空间发展

经过30年左右集中、高速、高质量建设，上海轨道交通为社会经济的高质量发展奠定了重要基础，全力支撑国家战略和重大项目实施，有效推动城市空间布局的优化完善。

市域层面，通过轨道交通1号线、2号线、9号线、11号线等R线（市域线）的持续建设，有效带动了外围新城、新市镇的发展，合理疏散了中心城区人口，引导空间格局与人口布局优化。目前，全市10万人口以上新市镇轨道覆盖率达到75%，五个新城也开通了直达主城区的轨交线路，近10年中心城人口规模整体下降，同期新城人口增长29%，其轨道站点1 km范围内人口快速增长55%，体现出较强的集聚和疏解作用。

中心城层面，通过人民广场、世纪大道等枢纽项目的建设，持续提升中央活动区活力和辐射能级，同时，按照多心开敞的中心城空

第二章 传承与反思

图2-3 上海轨道交通网络运营里程图（资料来源：作者自绘）

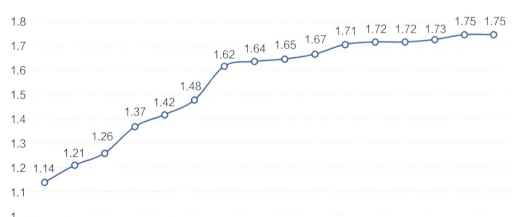

图2-4 上海轨道交通网络换乘率变化图（资料来源：作者自绘）

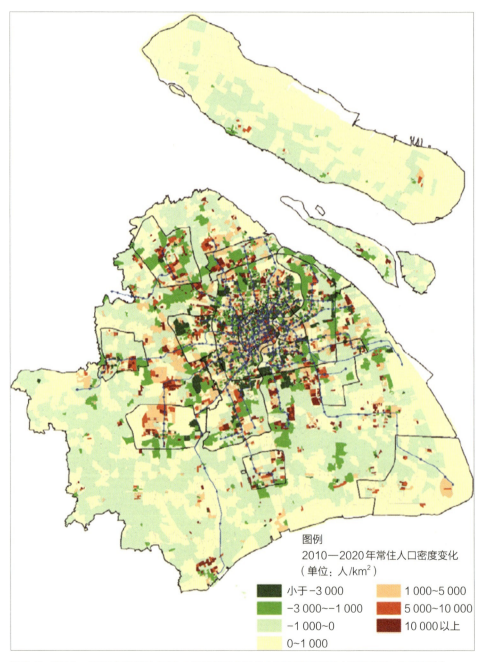

图2-5 2010—2020年轨道站点1 km半径范围内常住人口变化示意图(资料来源:作者自绘)

间布局优化要求,将多条线路接入徐家汇、五角场、真如、花木等城市总体规划确定的城市副中心地区,形成了市级公共中心轨道交通多点多线的服务格局。

2.优化综合交通体系

对轨道交通系统来说,若干单线意义不大,编制成网进而网络化运营才有规模效应。随着轨道交通网络化发展,其客运量占公共交通客运量比重由2000年的5%快速增加到2019年的63%。基本实现了网络规划提出的"轨道交通占公交出行比重40%"的规划目标。

轨道交通网络化运营,发挥了两方面的作用。

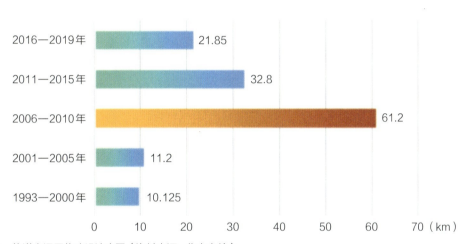

图2-6 轨道交通网络建设速度图(资料来源:作者自绘)

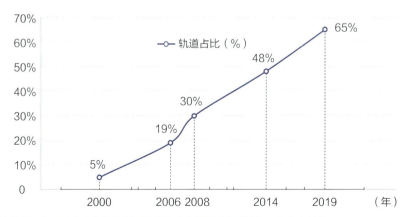

图2-7 轨道交通客运量占公共交通客运量的比重变化图(资料来源:作者自绘)

从覆盖范围上来讲，轨道交通网络基本覆盖了城市主要客流走廊，已建和在建线路覆盖了除崇明外的所有区，在城市密集区也实现了快速、便捷、可靠的公共交通出行服务；另一方面从对综合交通改善情况来看，轨道交通网络化运营提升了公共交通在全方式出行结构中的占比，进而缓解了道路交通拥堵。

二、多模式再反思

（一）多模式探索与现实困境

历经30年的发展，上海轨道交通发展取得了辉煌成就，举世瞩目，但这一路走来并不尽是坦途，难免遇到蜿蜒曲折。认真回顾过往，汲取经验教训，在反思中成长，在反思中进步，这也是规划必须经历的过程。

时至今日，"轨道交通"已成为一个广义的专有名词，是采用电力牵引车辆沿封闭或部分封闭的专用轨道运行的各种公共客运交通方式（不包括干线铁路）的统称，主要包含市域铁路、轨道交通快线、磁悬浮、地铁、轻轨、现代有轨电车、胶轮自动导向车辆①等多种制式。

但从当前上海轨道交通网络实际情况来看，这张超大规模网络的系统制式相对比较单一，基本由地铁和轻轨构成。在887 km的网络中，地铁和轻轨达801 km（占90%），市郊铁路（金山支线）仅56 km，另包含高速磁浮30 km。在近30年的轨道交通发展实践中，上海也在持续不断地研究和尝试着发展新的轨道模式，以适应不同阶段的城市发展需求。

从最早提出多模式轨道交通网络，到实际建设中走向同质化，其不能简单归咎于上海的快速城市化，但值得深思。20世纪90年代初的网络规划研究提出，在上海市域范围内需要发展包含地铁、轻轨等在内的2~3种不同的轨道交通模式。在1999年完成的轨道交通线网规划中，确立了由市域级（R线）、市区级（M与L线）和局域线构成的多模式轨道交通网络。但在随后的建设发展中，受种种因素影响，轨道交通之间的层次边界逐渐模糊，提供的服务也趋同。原规划作为市域快速轨道交通的R线系统，例如轨道交通R4（9号线）、R3（11号线）等线路，与在市区范围内提供服务的M线系统，例如轨道交通M7（7号线）、M8（8号线）等线路，在车站设置、运营速度、服务特性上并没有太大差异。

而同时作为市区级轨道交通系统的M线与L线，在实施过程中，受城市的快速化发展和环境保护要求的提高，几乎都采用了统一的A型车和地下建设方式，M线与L线两种类型的线路也逐渐走向融合。

---

① 胶轮自动导向交通系统，是一种采用橡胶车轮，通过导轨导引方向，在专用路面或轨道上全自动控制运行的新型快速轨道交通客运系统。

第二章 传承与反思

图2-8 R线（11号线）照片与M线（7号线）照片（资料来源：作者自摄）

对于市民而言，虽然分辨不出原规划中的R线、M线与L线差异性，但单一的模式对于系统的不适应性慢慢显现出来：

1. 对运营速度的要求。

在小汽车拥有率和使用率不断上升、市域通勤距离不断扩大的背景下，R线不快的矛盾更加突出，越来越多的市民希望享受到更加快速的轨道交通服务。

2. 对网络加密的诉求。

尽管在单一的地铁发展模式下，上海的地铁运营里程已经跃居世界第一，但是中心城周边地区和新城范围内仍然面临着强烈的线网

上海轨道交通线路系统制式对比表　　　　　　　　　　　　表2-1

线路名称	原规划功能层次	设计速度（km/h）	列车编组
1号线	R	80	8A
2号线	R	80	8A
3号线	M	80	6A
4号线	M	80	6A
5号线	L	80	6C
6号线	L	80	4C
7号线	M	80	6A
8号线	M	80	7C
9号线	R	80	6A
10号线	M	80	6A
11号线	R	100	6A
12号线	M	80	6A
13号线	M	80	6A
14号线	M	80	8A
15号线	L	80	6A
16号线	R	120	6A
17号线	R	100	6A
18号线	L	80	6A

（资料来源：作者自制）

加密需求，市民希望得到更加直接的轨道服务，而这难以依靠单一的地铁模式实现。

当然，面对日益增强的交通需求，除了大力发展市域级和市区级轨道交通之外，上海也在局域级轨道交通线路建设方面进行了探索，其中张江有轨电车和松江有轨电车具有一定的代表性。

张江有轨电车试验线是为了提高地区公共交通服务水平的试验线，采用当时全球先进的地面电车系统——法国劳尔公司的Translohr系统，以及胶轮导轨技术，具备现代有轨电车的技术优势以及低噪声的环境优势。试验线于2010年初正式投入运营，全长约10 km，起点为轨道交通2号线的张江高科站，终点为张江集电港的金秋路，共设15站，平均站

第二章 传承与反思

图2-9 张江有轨电车试验线车辆（资料来源：作者自摄）

距620 m，覆盖了张江高科技园区内主要产业、科研、大学和生活区域。从开通运营至今，张江有轨电车日均客流仅6 000~7 000人次，客流效益不高。其主要原因是线路功能单一、与轨道交通车站衔接不便，整体缺少吸引力。

张江有轨电车建成之后，上海市有轨电车建设的重心进行了转移。2013年，为加快建成郊区新城的公交骨干系统，有轨电车建设政策开始向新城倾斜。一方面，郊区新城的建设需要加大基础设施的支撑和带动；另一方面，在郊区建设有轨电车不会受到地铁线路的影响，能确保有轨电车在地区公共交通中的骨干地位。因此，上海市以松江、嘉定为试点，开展郊区现代有轨电车示范线的规划布局研究。历时3年，松江区顺利开通了有轨电车T1线与T2线，总里程39.9 km，共设车站92座，日均客流约2万~3万左右。

目前上海局域级轨道交通建设仍处在探索阶段，一方面受到政策环境影响，另一方面受地面混合交通影响，与轨道交通服务水平差异太大。如何破解郊区公交发展困境，上海需要继续探索，找到适合自己的发展路径。

（二）国际实践与典型模式

从东京、巴黎、法兰克福等主要国际都市的轨道交通发展过程来看，发展多模式的轨道交通是一种必然趋势，这与城市空间聚集演变的客观规律密不可分。典型全球城市的聚集演变理论上都遵循着相同的演化规律，总体上可以划分为四个阶段，即"城市—都市圈—大都市圈—城市群"。伴随城市规模的不断扩张，中心城市的辐射效应也在持续增强，区域空间的圈层化、组团化特征也越来越明显，不同圈层的交通联系方向、密度和强度也朝着不同方向发展。针对不同圈层差异化的交通出行需求，东京、巴黎和法兰克

37

图2-10 松江有轨电车车辆（资料来源：作者自摄）

福形成了各具特色的多模式轨道交通服务。

1. 日本东京：突出运输服务的功能层次

东京是亚洲轨道交通发展起步较早、发展最成熟的城市，其多模式轨道交通发展历程对上海具有重要的借鉴意义。其最大特征在于突出运输服务的功能层次，而并非是物理设施的差异性。

东京都市圈铁道总体上可以划分为四类，分别为JR线路、私铁线路、地铁线路和其他轨道。

- JR线路：由旧日本国铁1987年民营化产生的JR集团及其子公司运营，运营线路分为新干线和普通线路两类。新干线提供中长距离高速城际运输，普通线路提供中短距离城际和通勤通学运输。

- 私铁线路：JR线路的重要补充，以放射线路为主，承担JR普通线路未覆盖区域与东京区部之间的旅客运输。

- 地铁线路：主要是东京的地铁系统和横滨的地铁系统，服务城市中心内部旅客运输。

- 其他轨道：除JR、私铁、地铁之外的其他公营轨道，例如千叶单轨、临海新交通线等。

与其他欧美城市"自内向外"的轨道交通发展过程不同，东京轨道交通发展是"自外向内"发展的，总体上可以划分为两个阶段。

- 第一阶段：为聚焦外围地区的私铁集中建设时期，多为民营企业主导，通过修建私营铁路带动郊区土地开发，发展相对无序。

- 第二阶段：聚焦区部的地铁集中建设时期，以政府主导为主，由于外围私铁的大力发展，向心集聚的交通出行给区部交通设施带来巨大压力，迫切需要进一步建立服务区部的城市地铁系统。

相对于其他城市，东京服务市域范围内的私铁线路有两个比较特殊的特征。其一，系统制式差异性大，甚至连轨距都有多种；其二，郊区线路的站间距非常密集，物理站距平均不到2 km。上述两个特征就直接导致了东京轨道交通模式与系统制式之间难以建立起相对清晰的对应关系。

在这种情况下，东京轨道交通多模式的实现，不依赖于系统制式，而是通过运营组织来实现的。东京私铁线路为地面线路，车站配线灵活，因此可以灵活地组织快慢车运营。以

典型东京私铁线路平均站距一览表　　表2-2

线路名称	线路长度（km）	站点数（个）	平均站距（km）
东武伊势崎线	114.5	54	2.1
东武东上线	75	38	2
西武新宿线	47.5	29	1.6
西武池袋线	57.8	32	1.8
京成本线	69.3	42	1.7
京王电铁京王线	37.9	32	1.2
京王电铁相模原线	22.6	12	1.9
小田急小田原线	82.5	47	1.8
东急东横线	24.2	15	1.6
东急田园都市线	31.5	27	1.2
京急本线	56.7	50	1.3
相模本线	24.6	18	1.4

（资料来源：作者自制）

东武东上线为例,通过组织不同的运营交路和停站方案,可以开行普速、准快、快速和特快四种类型的运输服务,提供旅行速度25~70 km/h的差异化服务,满足不同出行需求。

尽管东京的轨道交通建设有特殊性,但从东京多模式轨道交通发展历程中仍然可以得出:外围地区的轨道站点覆盖面和运营效率的矛盾并非是不可调和的,通过运营组织的优化,可以实现两者的平衡。

图2-11 东京东武东上线网络区位(资料来源:http://www.toburailway.cn/service_status/)

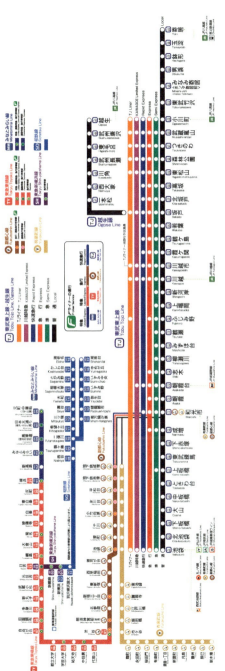

图2-12 东京东武东上线运营交路(资料来源:http://www.toburailway.cn/cn/_assets_l/pdf/stopStationGuideTojo.pdf?202010)

2. 法国巴黎：通过不同制式提供不同的运输服务

对于巴黎、伦敦和纽约等欧美城市，轨道交通系统大多数经历了同样的发展历程。从第一次工业革命开始，便着手于建设服务工业运输的铁路系统；随后，聚焦中心城区，开始建设城市地铁系统；最后，才开始发展都市区范围内的市郊铁路或快速轨道交通系统。从巴黎多模式轨道交通可以看出，不同轨道交通系统服务于不同的空间层次，市郊铁路系统提供郊区城镇与核心区之间的快速服务，而地铁系统则主要服务于核心城区内部的密集、大运量交通出行。

大巴黎地区的轨道交通系统总体上可以分为郊区铁路系统、区域快线（RER）、地铁系统和有轨电车系统。

- 郊区铁路系统：服务大巴黎地区的远郊城镇与核心区之间的快速联系，主要接入小巴黎范围的火车站。

- 区域快线（RER）系统：服务大巴黎近郊地区与核心区的快速联系，线路多为穿越中心城的快线系统，能够与小巴黎的地铁系统高效衔接转换。

- 地铁系统：服务于小巴黎地区的城市轨道交通系统，平均站间距约500 m，基本上覆盖小巴黎地区的主要公共活动中心和居住区。

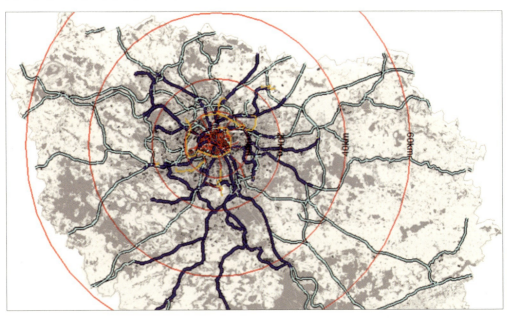

图2-13　大巴黎地区多模式轨道交通规划布局示意图（资料来源：上海市轨道交通线网规划实施评估）

巴黎不同层次线路主要服务特征 表2-3

线路类型	平均站距（km）	设计速度（km/h）
郊区铁路	4.1	≥140
区域快线	2.4	90~120
地铁	0.6	70~80
有轨电车	0.6	50~70

（资料来源：作者自制）

与东京轨道交通发展过程不同，巴黎先完成了核心区地铁线路的建设，再着手于市域范围内快速轨道交通的建设，并发展了相当规模的地面有轨电车系统。由于没有类似东京民营企业的郊区开发利益驱动，巴黎在快线建设中，能够较为合理地控制车站间距，实现线路的快速联系。同时，在郊区低密度住宅和开发区内，通过进一步补充完善地面有轨电车以及快速公交系统，进一步有效扩大了线网的覆盖面。

3. 德国法兰克福：服务于小城市的多模式轨道交通系统

城市轨道交通系统主要服务于成规模的城市，中小城市少有发展。对于我国而言，更要把中心城区人口规模和城市GDP指标作为建设地铁和轻轨的基本门槛。实际上，从全球范围来看，中小城市也可以发展以中低运量轨道制式为主的轨道交通，其中最为典型的是德国城市法兰克福。

法兰克福面积只有242 km²，人口也只有73万左右，但形成了由"区域铁路+地铁+有轨电车"构成的多模式的轨道交通系统。其中地铁作为法兰克福轨交主系统，共有9条线路，87座车站，总长度约65 km。

从实际运营效果来看，法兰克福轨道交通系统，平均客运强度达到0.5万人次/km，可以基本实现运营的可持续性。分析其背后原因，主要有以下两点：其一，城市发展能级高、财力支撑充足。法兰克福既是欧洲的重要金融中心，也是区域重要的交通枢纽，具有发展高质量轨道交通的实际需求。其二，采取了适合小城市的轨道交通发展模式，不盲目追求规模和建设形式。法兰克福的轨道交通系统实际上是由地铁和有轨电车共同构成，通过设置丰富的支线系统提高网络的覆盖面和核心通道的客流密度，同时，列车灵活采用2~4节编组，能较好地适应客流特征。

法兰克福经验表明，发展轨道交通的门槛并非是一成不变的，而是随着城市社会经济发展水平不断调整的。城市轨道交通规划建设

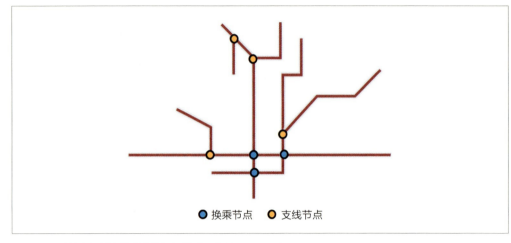

图2-14 法兰克福城市轨道支线组织模式示意图

模式也是丰富多样的,需要实事求是,探索出适合城市自身的多模式轨道交通规划、建设发展路径,才能实现轨道交通系统的可持续发展。

(三)未来趋势与发展路径

上海的轨道交通正处于由单一模式向多样模式演进的关键阶段。国际城市的轨道交通演变趋势,虽实现路径不同,但殊途同归,都迈入了多模式轨道交通系统,这些案例对上海而言仍有许多值得借鉴的地方。

上海等亚洲城市,尽管城市轨道交通建设起步晚,但城市化速度却一直领先于世界平均水平,从而导致轨道交通发展水平往往滞后于城市发展。因此,我国主要城市轨道交通发展难以像欧美城市一样,在特定的阶段和空间层次中,集中发展同一种轨道交通模式,而应该更多地借鉴日本东京轨道交通发展经验,不过分追求车辆制式之间的差异性,而专注于线路提供的运输服务差异性。

针对当前上海轨道交通发展中暴露出来的问题,结合未来城市发展的趋势和导向,上海市多模式轨道交通发展主要有两个方向。其一为面向区域、发展更为高效的快线系统,以弥补当前"快线不够快"的短板;其二为聚焦次级空间、发展局域级轨道交通系统,作为引导超大城市由"单中心、集中式"向"多中心、组团式"发展的关键手段,并围绕重点地区进行局部补充加密,以进一步提升轨道交通整体服务水平。

1. 加快推进快速轨道建设

从上海目前轨道交通建设实践过程来看,东京私铁与上海早期规划的快线较为相似但又有不同。东京私铁与地铁直通的运转功能和上海市规划的穿越中心城的市域快线是一致的，但是上海的市域快线只能提供"站站停"服务，无法提供类似东京轨道交通的多模式服务。而随着区域一体化发展进程的加快，未来上海需要一种能提供更高效运输服务的快线系统。

充分考虑到当前城镇化所处阶段，面向区域的快线系统应区别于传统的城市轨道快线，采用市域铁路等更高服务标准的制式，以适应更大空间范畴内的出行需求。

2. 补充完善局域级轨道层次

快线面向区域毋庸置疑，现在将视野聚焦到新城这一类城镇地区。从法兰克福发展实践来看，新城也需要构建相对独立的中低运量轨道交通系统，以强化对多中心空间体系的支撑。但是轨道交通发展到这一层次，就需要考虑运能如何匹配，匹配不是一味盲目追求单条线路的建设，而是要全网统筹，强调网络化整体推进，以形成对小汽车和电动车的比较优势。

在新城中低运量轨道交通发展上，松江区率先作出了建设现代有轨电车的尝试，并取得了一定成效，但也暴露出了一些问题，比如运行效率整体不高、与小汽车交通存在矛盾、建设周期慢难以快速发挥网络化效益等，需要在后续的规划实践过程中持续予以关注和改善。

三、网络形态再审视

（一）环线功能与二环规划

环线作为一种特殊类型的轨道交通线路，在城市轨道交通线网构建中得到广泛应用，包括国内北京、上海、成都、郑州以及国外东京、莫斯科等城市，都建有1条或多条环状轨道线路。上海在建成了第一条环线4号线的基础上，要不要继续发展第二环线，是轨道交通网络化进程中长期讨论的一个话题。

1. 环线分类

根据轨道环线与网络中其他线路的相互关系、在城市中的位置及在轨道交通系统中发挥的作用，通常可以将轨道环线分为以下两大类：

（1）结构性环线

结构性环线对城市轨道交通线网结构起着重要支撑作用，与网络中全部或多数放射线相交，并在线网形态上呈现"环+放射式"结构。典型案例包括上海轨道交通4号线、莫斯科地铁5号线。

结构性环线大致上可以划分为4种类型，分别为实体环线、勺形环线、共线环线和组合环线。若考虑到环线本质上是需要存在环形运营交路，而大多数组合环线各条线路之间并未设置联络线实现闭合成环运营，因此不

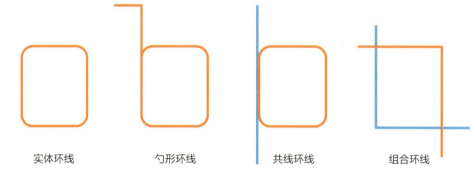

图2-15　结构性环线的4种基本类型示意图（资料来源：作者自绘）

能称其为严格意义上的环线。

实体环线是当前轨道交通发展中最常见的环线类型，勺形环线以及共线环线则是环线与径向线路或者切向线路组合形成的复合型线路，运营方式相对灵活，对城市发展的适应性强，但也存在不能首尾闭合运行或者不能充分发挥环线运能的问题。

(2) 非结构性环线

非结构性环线对轨道交通线网结构不产生决定性影响，通常作为某条线路的一部分而存在，而且只与线网中少部分线路形成换乘关系。例如新加坡的环形接驳线、马德里的第二环线（12号线）等。

2. 环线功能与切线功能的综合比较

环形线路与切向线路在城市发展和轨道交通线网形成中具有各自的发展适应性，主要体现在功能性维度和系统性维度上。

(1) 功能性维度

① 环形线路具有更强的圈层空间支撑作用

同心圆式的圈层发展是平原地区城市发展的一种典型模式，中心城区规模随着城市能级提升不断扩大。为避免城区规模扩大下的单中心集聚发展带来的各种城市问题，主要全球城市的公共活动中心都经历了多功能融合和多中心网络的发展过程，沿圈层廊道设置若干具有特定职能的城市副中心，因此，各个副中心之间需要通过设置环形通道进行高效串联，从而实现副中心之间的功能联动与融合发展，促进城市格局优化。

② 切向线路具有更强的空间发展适应性

与环线的封闭性不同，由切向线路构建的网络具有更强的开放性。既表现在城市特定功能区发展带动上，也表现在远期城市扩张适应性上。在中心城区放射轨道交通线网基本建成的情况下，成片城市更新或者其他功能提升地区的轨道交通线网优化往往需要设置切向线路：一方面，聚焦重点功能区加密轨道，强化与放射线路的衔接，可以高效地带动地区功能提升；另一方面，由于线路两端不闭合，未来可以进一步结合城市发展动态进行合理延伸，提高网络适应性。

（2）系统性维度

从轨道交通线路类型细分中可以看出，环形线路是切向线路的一种特殊形态，因此环线具有切向线路的基本功能，即提供了一种外围功能节点之间的直达运输服务，并有效加强径向线路之间的沟通，避免了环外地区的轨道出行进入环线内部进行换乘。同时，环线具有其他切向线路不具有的独特优势，主要体现在网络效率和运营效率两个方面。

① 环线具有最大的网络化效益

在同等线路长度条件下，环形线路组织具有最大的网络化效益，可以带来最多的网络换乘节点数量，并最大化改善网络联通水平，均衡放射线路的客流，尤其在网络形成初期。

② 环线上具有最大的运营效率

与切向线路相比，环线由于首尾闭合，列车无需折返，可以按照最小追踪间隔连续发车，提供最大化的系统运输能力。但是，由于无折返单一环形的运营模式，各区段运能难以动态调配，可能存在部分区段运能浪费问题。因此，在轨道交通环线运营实践中，小环线一般客流均衡度较高，往往采用单一交路运营；大环线分段客流差异往往较大，需要采用多交路运营方式，可以有效提升运营的经济性，但也形成了出行"断点"，丧失了环上无需换乘的优势。

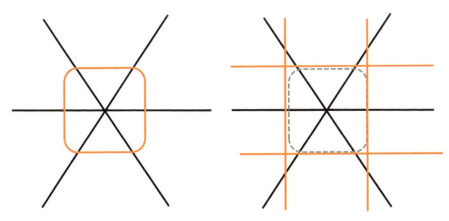

图2-16　环线成网与切线成网的对比示意图（资料来源：作者自绘）

3. 既有4号线环线功能剖析

早在2005年底随着4号线的开通,上海就形成了"十字加环线"的网络雏形。4号线作为现状轨道交通网络中唯一一条环线,客流效益较好。一方面是由于4号线换乘站较多,换乘客流较多,更重要的是由于4号线全线位于城市内环核心区,沿线穿越徐家汇城市副中心、上海火车站、中山公园等公共活动中心,客流集散功能非常明显。

与基于方格网形道路系统上的横纵+环形的轨道网络相比,上海轨道交通网络更在于网络的编织功能实现,也就是线路走向上更多顺应了客流的主方向,有效适应和引导了客流需求,减少了客流换乘需求。4号线作为目前网络唯一的一条环线,从线路客流结构来看,总体上以服务沿线地区到发客流功能为主,过境客流比例在外围切向线未开通前不足20%,并未体现出环线特有的网络换乘功能。线网中主要换乘客流点仍然以环内的多线换乘枢纽为主,包括人民广场站、汉中路站、世纪大道站等。而随着15号线、18号线开通之后,除了线路总体客流有所下降外,途经客流比例进一步下降至5%左右,客流特征与其他线路基本上没有差异。

将来随着3号线、4号线改造工程实施,4号

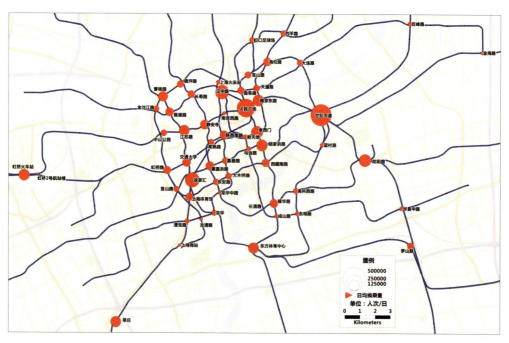

图2-17 2019年上海轨道交通全日轨道交通换乘客流分布图(资料来源:作者自绘)

线环线功能将得到进一步提升。而规划切向线路的稳步建设,将进一步提高主城区轨道交通网络连通性,并有力支撑沿线地区发展。因此,总体来看,主城区轨道交通网络布局总体合理。但随着城市空间的扩大,也可以考虑研究,在更大的范围内优化环线功能。

4. 第二环线发展需求剖析

在4号成环的基础上,未来上海是否要在外围形成第二条环形通道,有必要结合新的城市空间发展格局和轨道交通线网特征进行重新审视,找准上海市轨道交通网络的优化方向,合理确定外围环线与切向线布局方案。

从提高轨道网络放射线可靠性、创造更多可选择性换乘机会、使网络整体运营更加安全、充分发挥轨道交通网络化等方面考虑,4号线环线外围构筑另外一条环线有一定的合理性。但是,通过多条切向线形成组合环线还是构筑一条实体环线一直存在争议,立足于"一环(4号线)、多射、多切"结构的现状网络格局,为全面评估新增实体结构性环线和组合结构性环线的差异,可以从沿线功能、客流需求等方面对"二环+射+切"和"一环+射+切"两类网络结构方案进行对比分析。其中,"一环+射+切"方案通过3/4号线分线改造进一步加强4号线服务功能,并增加若干切线形成环形通道。"二环+射+切"方案则是在城市快速路中环线附近新增一条实体环线。方案比选内容如下:

(1) 城市空间发展需求

上海中心城快速路网有三个"环",将轨交的环线方案和快速路网环线结合来看,是一个比较清晰的视角。从用地规划角度,现状4号线环线全长33.8 km,布局在中心城快速路内环线附近。在上海的内环至外环间,已经有大量成熟居住区、商业办公区建成,结合中心城及周边地区的转型发展,未来将在滨江、桃浦、吴淞、吴泾等地区开展工业区转型更新改造,这些转型地区大多分布在中环甚至外环以外地区。

新增一条实体环线,需要平衡网络客流、沿线服务、线路运营等多方面因素。根据新一轮城市总体规划,新一轮发展将在中心城既有四座副中心基础上,规划培育张江、桃浦、高桥等若干市级副中心或地区中心,在中心城周边地区规划培育虹桥、莘庄、川沙、吴淞等市级副中心或地区中心。新增实体环线若控制合理长度,将收缩在中环以内,可串联部分公共活动中心及沿线居住社区,一定程度上有助于均衡全网客流,但对外环附近转型地区直接服务不足。若进一步加大站间距提高运营速度,将对沿线服务有所弱化;若采用宽通道建设模式,将涉及较多成熟居住社区从而引起大量拆迁。由于未来发展的重点地区布局分散,若用一条实体环线串联多数地区则线形会过于曲折,且长度将大于60 km,不利于线路运营和功能发挥。

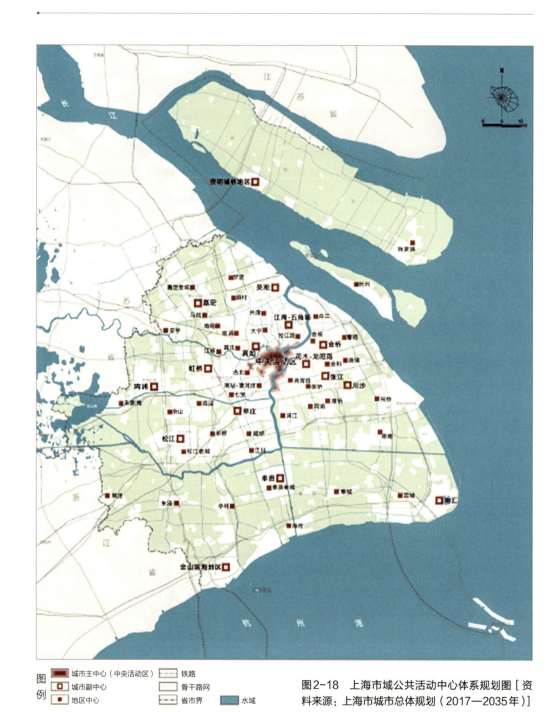

图2-18 上海市域公共活动中心体系规划图 [资料来源：上海市城市总体规划（2017—2035年）]

(2) 轨道交通网络发展需求

目前网络中成环的线路为4号线，其中宝山路—虹桥路一段和3号线共线使用。4号线工作日均客流约84万，断面客流分布较为均匀。环线的基本作用是联系城市各区，联系环周围的出行，以及射线和环周边地区的出行。对于部分射线过于拥挤的情况，环线可以起到一定的均衡作用。

对"一环+射+切"和"二环+射+切"的各个比选方案进行客流测试，结果显示各方案对4号线环线功能的分流作用基本接近，组合环和实体环并未对4号线客流产生较大影响。

外围环线的必要性，主要是看环线周边地区的联系以及与射线的换乘关系，外围二环在中环附近，各种方案的长度都在50 km以上，环周边本线客流和射线换乘相关的客流没有4号线的效果明显。成立实体环后，原来切向线路的两端尾部缺失，减少了环线和射线的组合服务功能，同时也无法兼顾切线头尾服务的大量转型发展地区。

因此，考虑当前阶段的网络服务功能、运营效率、支撑转型地区发展等因素，切向线路组合方案更能适应当前上海城市发展阶段的发展特征，既兼顾了组合环的网络换乘功能，又加强了轨道交通对主城区转型发展地区的有效服务。同时，城市空间格局是动态变化

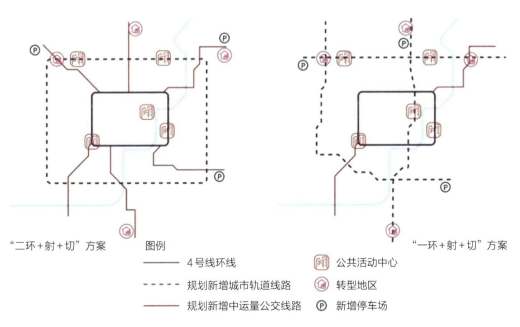

图2-19　网络结构比选示意图（资料来源：作者自绘）

的，主城区中环附近部分待转型地区功能尚未明确，未来仍然需要结合城市空间格局与功能布局的优化调整，对线网结构与有效覆盖面进行动态评估，持续优化完善主城区轨道交通网络。

（二）快线内涵与快线规划

1. 早期快线规划与实践

上海市域轨道快线的功能定位是将主要公共活动中心、新城和中心区直接相连，并由此促进多中心发展和构建轨道线网骨架。目标将市中心（人民广场）与郊区主要城镇间公共客运交通时间控制在1 h左右，旅速达到60 km/h。

在上海的实践中，早期规划快线通道均采用穿越中心城的方式，以满足外围地区与城市核心区之间的快速联系。但在后续规划和实施过程中，受诸多因素影响，市域快线通道进行了适当组合和优化。目前4条市域快线大部分已经建成。考虑到长大线路运营组织特点，多采用断点运营的模式，例如，R2线通道功能由现状17号线、2号线、16号线组成，断点在虹桥枢纽、龙阳路枢纽。

2. 快线时间目标

快线"快"在哪里？最直观的指标就是线路旅行速度，以及其对应的时间目标。对照早期市域快线提出的时间目标，嘉定、青浦两座新城与城市中心的出行时间可满足规划要求，松江、南汇、金山新城与城市中心的出行时间在60~75 min，大于规划目标。

对照原市域快线提出的旅行速度目标，16号线站站停、大站车、直达车等各类型列车组织旅行速度均可达到规划要求，金山铁路除站站停外，大站车和直达车旅行速度也可以达到规划要求。

总体来看，市域快线承担了大量长距离客流出行需求，其客流空间分布呈现"轴向强分布、中心城集聚、新城组团化"三个特征。以轨道交通11号线为例，其新城段进站客流中约40%左右的客流在线路本线车站出站；进入中心城轨道交通网络后，在内环内出站的客流大约占40%左右；在新城段，11号线客流中约有10%的客流为新城内部出行。

3. 快线如何引入主城区

轨道交通快线的功能主要定位于中心城和外围地区的联系，以及外围地区（包括新城）之间的联系。在市域快线网络构建上，是否需要穿越中心城形成贯穿型线路一直是争论的话题。通常情况下，市域快线引入中心城区主要有三种模式，分别为穿心模式、末端换乘模式以及枢纽地区转换模式。单从市域线本身来看，穿心模式无疑是效率最高的模式，但从多模式轨道一张网的角度，中心城区的轨道交通通道应先要解决好沿线地区的

第二章 传承与反思

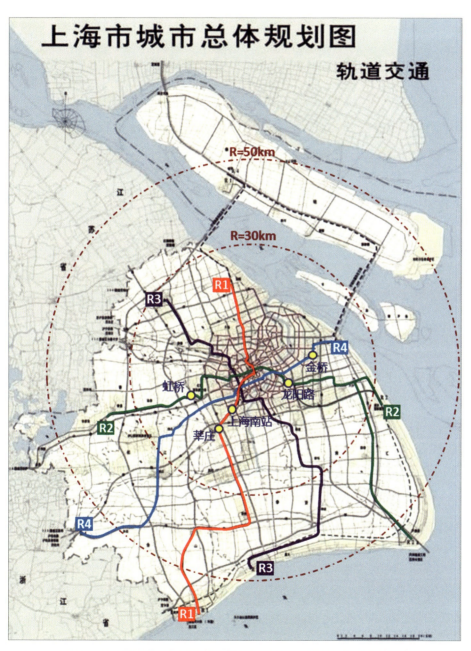

图2-20 上海市1999版总规轨道交通市域快线规划方案示意图（资料来源：《上海市城市总体规划（1999—2020）》）

现状上海市域快线旅行时间　　　　　　　　　　　　　　　　　　表2-4

线路名称	服务新城	线路长度（km）	旅行时间（min）
9号线	松江新城	45.4	74.6
11号线	嘉定新城	35.8	47.5
17号线	青浦新城	53.2	58.3
16号线	南汇新城	69.0	直达车：65.3 大站车：74.3 站站停：83.1
金山铁路	金山新城	67.0	直达车：63.3 大站车：83.3 站站停：91.3

（资料来源：作者自制）

现状上海市域快线旅行速度　　　　　　　　　　　　　　　　　　表2-5

线路名称	线路长度（km）	旅行速度（km/h）
9号线	63.9	38.4
11号线	81.4	42.1
17号线	34.8	52.2
16号线	58.8	站站停62.4，大站车77.3，直达车96.2
金山铁路	56.0	站站停56.0，大站车64.6，直达车105.0

（资料来源：作者自制）

服务问题，才能研究如何提高通道运行效率。早期规划的穿心快线（R线）在实施过程中，因为城区段优先保障了站点服务，从而导致了城区段快线功能的丧失。随着城区的发展和轨道交通的建设，快线穿越中心城的成本越来越高、工程实施条件也越来越高，再去研究线路是否要穿越中心城，需要综合考虑线路功能、网络衔接和实施成本。

从上海当前城市建设和轨道交通发展现状来看，快线穿越中心城看似更加深入城区，与网络能更好地衔接，但受中央活动区高强度城市开发和高密度轨道交通线网建设限制，穿越中心城的轨道交通线路工程实施和接入既有换乘枢纽的难度都非常大，并且与当前区域一体化、多中心空间发展战略导向下的轨道交通资源配置导向有所冲突。因此，研究认为，在当前发展阶段，放射形的快线应充分尊重城市发展现状和工程技术条件，按照有限深入中心城区的原则合理确定线路在主城区的枢纽节点，远期可保留进一步向城区延伸的可能。

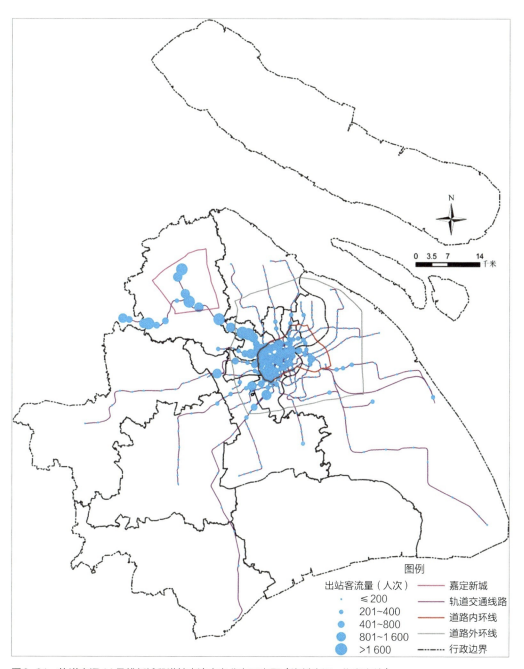

图2-21 轨道交通11号线新城段进站客流去向分布示意图（资料来源：作者自绘）

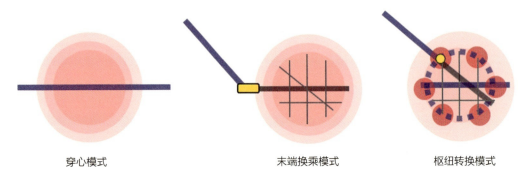

穿心模式　　　　　末端换乘模式　　　　枢纽转换模式

图 2-22　快线接入中心城模式示意图（资料来源：作者自绘）

四、网络效能反思

（一）早期价值取向

最早的上海轨道线网规划目标侧重运行效率，对"覆盖面"没有量化的要求。在早期线网规划中，中心城与郊区主要城镇之间的交通时间控制在 1 h 左右，中心城内任何两地之间的交通时间控制在 40 min 左右；中心城内，城市轨道交通应承担 60% 以上的客运任务，中心区内要有较高的网络服务水平和密度。

从规划目标可以看出，线网规划侧重于更高的线网运行效率，而对于线网覆盖水平，并没有提出量化的规划目标值。在具体线网方案编制中，则是根据市域整体交通服务需求，关注线网对主要客流走廊的覆盖。从线网功能层次划分上可以看出，规划上主要是通过局域级轨道交通解决线网的覆盖面问题，但是在线网规划中，并没有对局域级轨道交通布局重点和具体方案做出描述。

以枢纽为支点编织网络，是发挥网络效益的关键，"枢纽锚固"理念已经在上海的轨道交通网络生根。枢纽在初期线网的构建中发挥了重要作用，但也要认识到，过度强调枢纽锚固会缩小线网的覆盖面。尤其是对于外围的换乘枢纽，过多的末端线路集中于一点，导致网络有效覆盖面不足。以龙阳路枢纽为例，其早期发展定位是作为浦东客运站，大量线路集中于该枢纽，包括 2 号线、7 号线、18 号线、16 号线以及磁悬浮试验线共计 5 条线路。

回过头再来看龙阳路枢纽周边地区，发展到如今，周边地区不断提出轨道交通加密、延伸的需求，但因为枢纽的锚固，比如 7 号线的线路末端也很难再进一步向周边地区拓展了。类似的还有 6 号线接入东方体育中心枢纽、3 号线接入上海南站枢纽等情况，在某种意义上，对末端线路的覆盖面带来了一定限制。

第二章 传承与反思

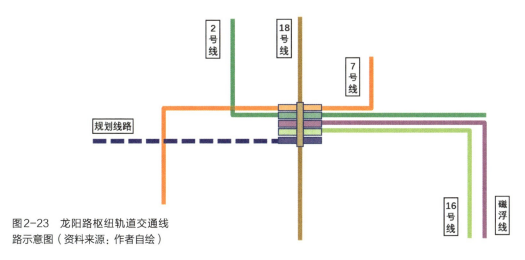

图2-23 龙阳路枢纽轨道交通线路示意图（资料来源：作者自绘）

图2-24 龙阳路枢纽16号线站台（资料来源：作者自摄）

（二）延伸线再审视

讨论"覆盖面"与"快速化"，离不开"站点加密"和"延伸线"。加密轨道站点和线路延伸确实可以扩大轨道交通的服务范围，但也在一定程度上弱化了快线功能。从上海近30年快速建设过程可以看出，早期作为市域快线的R线在实施过程中，线路整体运行效率和覆盖面的矛盾突出。

按照早期线网规划的基本理念，郊区新城与中心城之间的市域级轨道交通线路应采用快线模式，通过较高的线路设计速度和较小的车站间距，实现快速出行。而从实际建设情况来看，目前实施的市域快线仅有16号线、17号线及利用金山铁路改建的金山支线，其

57

余线路实施过程中平均站间距减小,旅行速度降低,出现与市区级地铁同质化的趋向,未能充分体现快线功能,制约了市域轨道网络的系统功能发挥。

分析其原因,主要有两个:一是线位选择不当,在快线选择时利用了市中心已经修建的具有高密度站点的1号线和2号线,导致全线速度在市中心段无法提升;二是郊区段线路在实施过程中不断增设站点,提升郊区服务面的同时牺牲了郊区联系市中心的时间,同样也影响了快线系统的功能。

站间距直接影响线路运行速度,决定了线路规划功能的实现。在社会经济发展水平有限,难以设置越行站或者修建2条以上股道时,更应重视物理站距的控制,切实根据站间距要求进行规划,不能因为局部利益而损害了系统整体功能。

此外,在具体线路实施过程中,"延伸线"已经成为了不可回避的问题。尽管网络层面有多模式的轨道交通顶层设计,但是在具体实施过程中,尤其是原规划服务中心城的市区级轨道交通M线和L线,都面临着线路延伸的发展诉求。上海的14号线和8号线采用不同的延伸方式,但哪一种延伸更有效,确实需要在新的网络规划中进行思考。

延伸线需要从系统网络的角度进行评估,稍有不当将会"牵一发而动全身",影响系统功能实现。任何一条线都是一个通道,如果要采用既有线的小范围延伸,对网络和系统没有太大的影响。但若延伸长度过长,会动摇到原线路的整体功能定位,问题又变得更为复杂,这时候需要从网络层面进行更加全面的综合比选。这类延伸问题,直到目前,也没有一个很成熟、易于推广的处理方法。

以地铁14号线为例,线路全长31 km,西起江桥外环线附近,东至金桥出口加工区。2008年,为方便近郊的保障性住房和配套商品房基地的交通出行,规划在轨道延伸条件好、绕行距离不大的前提下,延伸部分轨道线路。其中,规划提出延伸14号线至江桥基地,延伸后线路长约36 km,设站29座,并纳入第二轮近期建设规划。2016年,在具体14号线选线专项规划编制过程中,在原规划选线基础上,结合地区发展动态和专题会议精神,线路继续向西延伸1站。除此之外,嘉定安亭镇也不断提出要进一步延伸14号线至黄渡、安亭的发展诉求。

从14号线延伸的规划过程可以看出,随着中心城区的蔓延,原规划市区线的延伸是无法回避的问题。线路延伸无疑是解决外围地区轨道交通出行问题的一种有效方式,但是并非一直都是最合适的,问题的核心在于运行效率。对于任何一条轨道交通线路,都是核心区段客流效益高,外围地区客流效益低,在这种情况下,外围起终站点的确定就变得非常棘手。

第二章 传承与反思

图2-25 原规划14号线线路走向示意图（资料来源：作者自绘）

图2-26 14号线第1次线路延伸（资料来源：作者自绘）

单从客流效益的最大化角度来看，可能8号线与浦江线的这种模式是比较合适的，即客流走廊中找到断点，核心段采用地铁制式，外围采用其他中低运量制式延伸服务。但在推广这种模式时，又遇到了几个非常现实的问题：其一，高峰时段的换乘大客流问题，对于这类放射性线路，早高峰客流非常集聚，终点站换入的客流量非常大，对换入点带来巨大的运营风险；其二，进一步降低了末端客流效益；其三，经济效益并未明显得到提升；其四，项目审批门槛未有明显简化。在这种情况下，沿线居民的关注点自然又回到了既有线的延伸上。

（三）覆盖面与运行效率的协调

轨道交通网络规划的内在逻辑是协调好覆盖面与运行效率，既体现在线网布局上，也体现在线路选择上。从网络上看，运行效率约束下，单一地铁模式难以无限扩张，需要通过多模式才能实现覆盖面与运行效率的平衡。从线路上来看，主要是车站数量和线路整体运行效率的矛盾，需要强化运营组织的调和作用。在上海编制的轨道交通多轮线网规划中，力图兼顾网络服务效率和服务覆盖面。

轨道交通线网规划并不是简单的地铁增量规

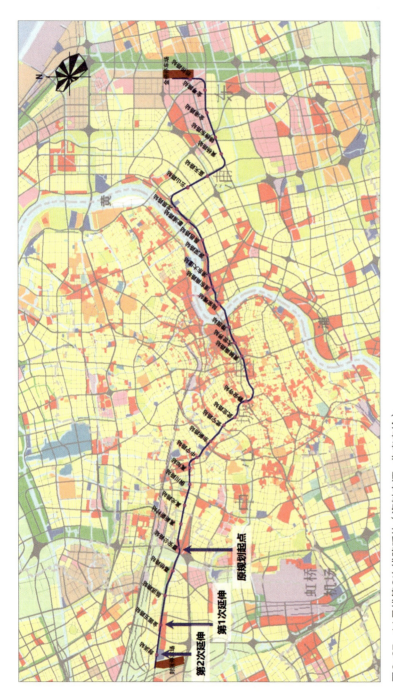

图 2-27 14号线第2次线路延伸（资料来源：作者自绘）

划,既要按照在综合交通体系中的功能定位确定合理的覆盖面指标,又要追求网络效率最大化。

1. 回归内在逻辑

美国交通运输研究委员会在《公共交通通行能力和服务质量手册》中指出,公共交通服务质量指标主要反映在两个方面,其一为公交服务的可用性,其二为公交服务的舒适和便捷性。其中可用性是最重要的,决定了一种交通方式是否可以作为一种可选的交通方式。因此,轨道交通线网的覆盖面实质上直接体现的是轨道交通线网的可用性水平。

轨道交通线网运行效率是指轨道交通系统内部一次出行所花费的时间。具体包括两个方面,其一为网络上,通常用线网内部出行平均花费时间和换乘时间综合表示。其二为线路上,通常是用主要节点之间的出行花费时间来表示。从网络层面来看,在需求一定的情况下,线网的联通性越好,网络运行效率则越高;从线路层面来看,运行效率直接受线路设计速度、车站间距等因素的影响,线路设计速度越高、站间距越大,则列车旅行速度越快,服务效率也就越高。

轨道交通线网运营效率一般可通过出行时间来描述,而对于轨道交通线网覆盖面,在市域不同地区,有着不同的内涵。在郊区,轨道交通线网的覆盖率一般是以城镇节点为基本单位,强调对成规模以上的城镇节点的广覆盖,通过市域级轨道交通形成与中心城之间的快速联系;在中心城及周边地区,轨道交通线网的覆盖率通常是指10分钟步行范围内的轨道交通站点面积覆盖率、人口覆盖率和岗位覆盖率,通过市区级轨道交通形成轨道交通的广泛覆盖。

一般而言,轨道交通线网覆盖面越广,轨道交通服务的可用性越高,提供的服务水平也就越高,但这并不意味着在线网规划时可以无限地提高线网覆盖率。在城市居民出行规模一定的情况下,轨道交通总体出行需求有限。线网规模越大,意味着单位长度的线路客流效益越小,运营的经济负担也就越大。因此,需要综合考虑居民公共交通出行需求、轨道交通服务水平和线路基本的客流效益来确定合理的线网覆盖面,从而为线网规模的确定提供支撑。

2. 设定合理目标

编制轨道交通线网规划方案的第一步,就是要确定合理的线网规模。一般而言,线网规模的确定需要综合考虑空间格局、服务质量和投资能力等因素。对于正处在快速发展中的中国城市而言,城市未来发展带有很大不确定性,很难通过常规的数理逻辑去分析远期线网规模,更多的是通过横向比较确定线网规划的一些指标,如轨道交通线网密度、站点覆盖率等指标,从而确定网络规模。

通过对纽约、东京、巴黎和香港轨道交通发

展现状和规划的全面评估,上海市在新一轮轨道交通线网规划中就市域、中心城、主城片区和新城等不同空间层次的轨道交通设施规模提出了更高的指标要求。

3. 坚持多模式原则

为了实现轨道交通最大化满足集中城市化地区对轨道交通发展的需求,需要在上一版线网功能分级的基础上,充分考虑既有线网功能分级在实践中的成效与不足,通过进一步强化各层次轨道交通线网之间功能分工,构建由"市域线、市区线和局域线"构成的多层次轨道交通网络,以实现线网覆盖面和运行效率的平衡。

首先是市域线层次,更突出了区域一体化发展背景下的区域辐射功能。随着国家新型城镇化的高质量快速推进,城市群和都市圈成为新型城镇化的主体形态,传统的基于行政边界的轨道交通规划方法已经难以适应实际发展需求。以轨道交通11号线为例,作为1999版线网规划方案中的市域级轨道交通,在服务郊区新城、新市镇与中心城之间的快速联系上已经呈现出较强的不适应性。而随着近沪地区一体化发展,迫切需要一种更加高效的快线模式。因此,新一轮上海轨道交通线网规划提出了进一步构建由城际铁路、市域铁路和轨道快线构成的多模式的快线系统,更加突出了面向区域的快速轨道交通的通道构建,在主要的区域发展廊道上,提出新建或改建设计速度在160~200 km/h的铁路制式的快线通道。

其次是在局域线层次,适应网络化、多中心的空间特征,局域线规划布局不再局限于

图2-28　地铁延伸模式:苏州11号线对接上海11号线(资料来源:作者自绘)

在中心城地区，更多的要在主城片区、新城、城镇圈范围内，作为一种组团高质量公共交通的骨架系统，一方面，要扩大市域线、市区线的有效服务范围，另一方面，要以局域线推动外圈公共交通系统的重构，最终实现多模式公共交通服务模式的整体提升。因此，对局域线的实现模式，也不仅仅局限于快速公交和有轨电车等地面低运量模式。在达到一定空间规模和开发规模的地区，也可以因地制宜地采用中等运量轨道交通制式。

除了在网络层面，通过多模式轨道交通实现线网覆盖与运营效率的平衡外，在具体市域级线路选线规划过程中，更加突出运营组织的重要性。充分利用市域级线路客流整体强度不高的特征，通过配线设置，组织开行快慢车，既能满足通道的快速通达性要求，也能兼顾地区的轨道交通服务。

五、公交往何处去

（一）提升综合效率

1. 公交增长停滞

上海公共交通体系是由轨道交通、公共汽（电）车承担各自功能，并协同发力共同构成的整体系统。轨道交通在中心城公共交通中的骨干地位已经基本确立。城市轨道交通客运量占公共交通（不含出租车、轮渡）客运量比重由2000年的5%增加到2013年底的50%左右，2018年底的62%左右。

近20年来，全市公共客运交通（包含轨道交通、公共汽/电车、轮渡方式）客流量的增加主要来自轨道交通客运量的持续增长。也就是说，在轨道交通网络化发展、客运量持续快速增长的背景下，中心城的公共交通整体

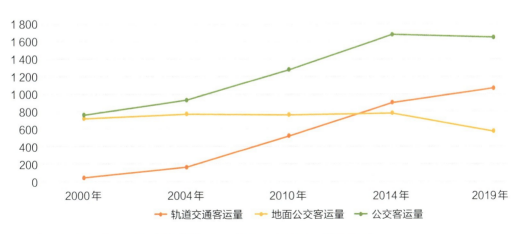

图2-29　上海轨道交通、公共交通年日均客运量增长图（资料来源：作者自绘）

图2-30 上海公共汽(电)车线网长度、运营车辆数及公交换乘轨道日均客运量变化（资料来源：作者自绘）

分担率虽然呈现稳步提升的趋势，但地面常规公交客运量却出现了一定的下降，在市域的整体客运分担比例也不高，仅维持在18%左右。

2. 公交－轨道协作

从设施供给来看，近年来上海公共汽车线路数量、车辆数量、覆盖率均持续增加，但在公交换乘轨道日均客运量、轨道交通站点周边的便捷度等指标上仍有待提升。截至2017年为止，轨道交通车站出入口50 m半径范围内，仅有25%左右的车站无公共汽车直接服务。近5年公交换乘轨道日均客运量长期徘徊在60万乘次/日。两网在设施上的融合水平并未呈现出与轨道交通客运量快速增长正相关的趋势。

公共汽车与轨道交通也存在合作不够充分的问题。例如，两网运营时间协同度不高，部分轨道交通站点周边接驳公共汽车运营时间偏短，与轨道交通网延时运营的趋势亦不吻合；发车频率与轨道交通网不匹配，尤其在高峰时间公共汽车的发车频率与轨道交通接近2分钟的发车频率存在一定差异。

（二）公交往何处去

经历过三次公交改革后，上海市公交行业发展总体上进展良好。分区专营的市场格局基本形成，公交营运的服务水平稳定提升。但是，公交的分区专营效果不明显，其作为轨道配套而不是融合一体规划，对整个公共交通服务面的提升较弱，作为配套规划而非融合仍然是提升轨道交通服务面的瓶颈。

1. 改革的重点

全市常规公交客流量在第三次公交改革后的三年时间内，总量有明显提升，且基本稳定。但是2012年后，随着主城区轨道交通线路的持续建成，轨道交通网络化效益日益加强，轨道交通客流持续增加，增加的客流主要来源于常规公交客流转移。常规公交方面，线网调整阻力较大，与轨道交通存在内耗型竞争，客流规模逐年下降，吸引力难以提升。因此，从整合中心城轨道交通和常规公交的角度，需要以轨道交通为基础，对全市主要是郊区的常规公交线路进行深层次、系统性优化和调整。

2. 高品质公交

第三次公交改革完成后，全市的公交线路总体上可划分为骨干线、区域线和接驳线三类，功能层次相对清晰。随着新一轮上海市轨道交通线网中市域线、市区线和局域线功能层次的划分，常规公交的功能定位又面临进一步优化调整，功能层级也有必要进一步厘清。

从全市范围来看，随着市域线的规划建设，常规公交在市域层面的功能将逐步趋向快速化和品质化。

- 快速化：主要沿城市高速路、快速路开行，运行速度高。

- 品质化：车辆应更接近长途大巴使用车辆，提高出行的舒适性。

从区域范围来看，随着轨道交通覆盖率的进一步提升，常规公交服务的出行需求将逐步

图2-31　常规公交客运量变化（资料来源：作者自制）

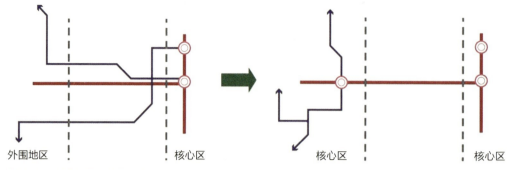

图2-32 外围地区长线逐步向接驳短线转变（资料来源：作者自绘）

由中长距离转变为中短距离的区域内部出行。对于城镇规模较大、发展等级较高、现状有一定公交线网基础的区域，随着城市的发展，公交出行需求将日益分散并逐步多样化，直达型公交线网将面临覆盖不足的问题。在现状公交线网的基础上，结合局域线规划建设，进一步将"直达型"网络逐步发展为"换乘型"网络，以发挥公共交通的网络化效益。

同时，在中心城周边地区、郊区，围绕轨道交通站点、枢纽，服务大型居住区、产业区的公交短驳线路需要进一步优化完善布局。

3. 多模式运行

随着市民多样化出行需求的不断提升，公交服务尤其是常规公交的服务也需要不断丰富。目前，上海市常规公交的运营模式单一，以固定线路、固定站点的公交服务为主。结合国内外城市的常规公交服务类型和运营模式，建议未来上海市的常规公交可根据线路不同功能采取不同的运营模式。

借鉴国际上典型公交都市的城市公共交通系统的发展经验，为实现公共交通系统效率的实质性提升，需要对系统运营模式进行持续的优化与调整。公交系统优化的关键在于确保公共交通"公益性"的前提下，引入"商业化运营模式"，提高运营服务效率。

(1) 混合经营模式

新加坡强调"公共汽车—轨道交通"联合运输，城市轨道交通公司和常规公交运营公司合并，城市公共交通运营以市场化经济为主，政府不再过多干预运营事务，而是在总体上进行宏观调控。

混合经营模式的关键在于将城市划分为若干专营区，每个专营区由一家公司负责该地区内的轨道交通、常规公交等各种公共交通服务，而专营区之间的服务则由多方共同提供。政府在该种模式中，负责审批、监管各公交

政府部门	运营公司
车辆资产归政府所有	获取政府固定运营经费
提供维修和停放场地	提供更优质的公交服务
规划公交线路，制定服务标准，并提供固定运营费用	提高司机福利和专业性

图2-33 新加坡巴士服务外包模式政府与运营商各自角色（来源：作者自绘）

运营公司制定的公共交通服务规划。该种混合经营模式可以有效避免公共汽车与轨道间重复的竞争，进一步促进了公共汽车与轨道的一体化。

(2) 服务外包模式

英国、法国的一些城市和我国香港采用城市公交服务所有权与经营权分开的模式。所有公交车辆、车站、停保场等各类基础设施和资产为政府所有，政府负责新的公交设施的投资建设；而经营权通过市场公开招投标的模式，面向全球先进的公交运营企业公开招投标。政府负责审批各运营公司制定的公共交通服务规划，并制定服务标准，监管公共交通服务。

以新加坡为例，为进一步提升公交企业的发展动力，新加坡自2014年开始新一轮公交改革，逐步由完全私营的"混合经营"模式，向"国有私营"的服务外包模式进行过渡，并于2016年正式实施。在该种模式下，政府向运营商提供车辆等运营工具以及基础设施，运营服务商通过竞标获取运营资格，票款收入归政府所有，政府支付运营商运营费用，政府对运营服务水平进行监管。

按照该模式，新加坡的公交服务被划分为14个包，每个包大概25条线路，合同期为5年，若达到服务标准，可延期2年。其中3个包已经通过招投标完成了服务外包，2个包发给英国的公交运营公司，1个包发给新加坡现有的公交公司。其他11个包预计在现有服务到期后，再对外启动招投标工作。

上海目前的常规公交服务仍为"国有国营、政府补贴"的运营模式，常规公交自身的服务效率、与地铁一体化运营的程度以及财政上的可持续性均有待进一步提升。结合上海市空间布局、公共交通功能层次等，提出运营优化建议如下。

1）主城区：以服务外包为主，混合经营为辅。

主城区常规公交基础设施条件较好，重点要提高常规公交运营效率。包含三个层面：其一以常规公交为主要形式、服务中短距离公交出行效率需要提升，该类公交线路呈现明显的地区化特征，可采用服务外包的形式，引入竞争机制，提高系统效率；其二，主城区新增的局域线系统，由于与地铁、轻轨互为补充，应由地铁公司代为运营，以提高运营效率；其三，针对以接驳轨道交通站点功能为主的线路，可将经营权划入地铁公司，由地铁公司代为运营。

2）外围地区：先以混合运营为主，后引入服务外包模式。

根据规划，远期外围城镇化集中地区也将形成2~3套公共交通系统。市域线、市区线的运营由全市进行统一安排；局域线层面，应与地区常规公交合网运营，以提高系统效率。因此，外围地区可以行政区为单元，每个区根据系统规模成立2~3家混合经营公司，运营专营区内的局域线和常规公交系统。待地区公交系统进入成熟阶段后，可进一步考虑引入服务外包模式，提高内部竞争，促进服务效率的进一步提升。

轨道交通与常规公交的两网融合，是高品质公共交通的必然要求。总的来说，随着地铁线路的开通，同一客流走廊上的公交线路，将不可避免地走向并线、缩线，甚至撤线的结局。在此背景下，结合局域线规划建设，以发挥公共交通的网络化效益，是常规公交潜在的转型发展路径。从运营的角度上，常规公交需要寻求公益性和市场化的平衡点，促进竞争，进而提高财政的可持续性。

第三章
创新与引领

2014年，上海启动了新一轮城市总体规划的编制工作，同步开展了新一轮轨道交通线网规划编制工作。为了将上海建设成为卓越的全球城市、现代化的国际大都市，新一轮轨道线网规划需要立足全球视野，展现上海特色，打造全球领先的轨道交通网络。

面向新时期更高标准的网络发展要求，上海轨道交通线网规划的内涵进一步拓展。本章将为您讲述上海新一轮轨道规划中提出的全新发展目标与发展理念，带您了解轨道交通如何支撑和引领上海空间发展新格局。

一、目标内涵提升

为了更好地支撑上海建设卓越全球城市的发展愿景，上海新一轮轨道交通规划从乘客乘坐轨道交通出行的切身感受出发，围绕"打造全球领先的轨道交通线网"的总目标，基于轨道交通和城市空间协同发展的规划初心，提出"更安全的轨道交通网、更方便的轨道交通网、更快捷的轨道交通网、更舒适的轨道交通网、更公平的轨道交通网"5个分目标，诠释全球领先的轨道交通网的内涵，体现线网规划"以人为本、品质优先"的理念。

（一）更安全的轨道交通网

安全是公共交通规划中首先需要考虑的因素。轨道交通网络承担着城市超大客流运输的重要责任，因此在规划阶段需要充分重视安全因素。

1. 缓解线路高峰时段极端拥堵

上海是一座拥有近2 500万人口的超大城市，大量的人口一方面是城市蓬勃发展的动力，另一方面也是对交通安全管理的挑战。在上海，挤地铁对于上班族而言早已成为一种常态，拥挤的通勤出行体验不仅会导致出行者身心俱疲，还会降低人民生活的满意度和幸福感。

在工作日早晚高峰时段，部分地铁线路和车站的严重拥挤，不仅仅影响乘客出行的舒适度，更直接影响到网络运行的安全性。为此，规划阶段将早晚高峰时段拥堵区段占比作为

上海轨道交通网络规划目标　　　　　　　　表3-1

总目标	打造全球领先的轨道交通线网				
分目标	更安全	更方便	更快捷	更舒适	更公平
核心指标	高峰拥堵缓解	到达车站方便	中心体系快联	乘车空间保障	城乡一体布局
	网络多点衔接	线间换乘方便	区域城镇快接	线网互联互通	城镇服务均等

（资料来源：作者自制）

第三章 创新与引领

图 3-1 现状：人民广场枢纽高峰人流拥挤（资料来源：作者自摄）

图 3-2 现状：世纪大道枢纽高峰人流拥挤（资料来源：作者自摄）

线网规划的一项重要评价指标，旨在规划阶段尽量地规避大客流带来的极端拥堵现象。同时，在线网规划阶段，提出提升轨道线网覆盖率、优化人口和岗位布局、适当补充平行线路、优化车站的换乘设计等多个角度综合施策，有效控制极端拥堵区段的占比。

2. 外围线路入网多点换乘衔接

科学合理的设施布局是轨道交通网络安全运营的基础保障。在线网规划阶段，还需要超前考虑网络化运营需求。结合上海已有线路运营情况，外围线路单点接入轨道交通线网容易引起单点大客流量冲击，而适当增加线路与网络的换乘车站数量将有效降低运营安全风险，提高乘客出行安全性。

从线网规划视角看，超前考虑运营安全问题，很重要的一个方面即是形成主要站点间的多通道可达，增加网络韧性①。这样一旦网络发生异常状况时，例如局部线路和车站出现运营故障，乘客可以快速地借助网络中其他通道出行，保障轨道交通线网能够提供正常的出行服务。在日常情况下，也可以通过提高网络中多通道的可达性，有效均衡网络客流，提升网络运营安全性。

（二）更方便的轨道交通网

一个良好的轨道系统应该能够让乘客轻松便捷地享受到轨道出行服务。无论是居住在上海的市民，还是来上海出差、游玩的旅客，选择地铁方式出行时，首先关心的是这个地方有没有地铁站点覆盖、首末班车时间等问题，进而判断地铁是否可以满足其出行需求。

在"更加方便的轨道网"的规划目标下，需要从轨道交通出行全过程出发，关注乘客从进入到离开轨道系统全过程、各环节的实际感受。

1. 到达车站方便

轨道车站是轨道交通与乘客联系的第一扇门。站点覆盖范围决定了轨道交通网络的有效服务范围，因此，站点覆盖率也是国际大都市在编制轨道交通发展战略中的关键性指标。例如，《新加坡陆路交通发展总蓝图（2013版）》中提出"10户家庭之中有8户只需要步行不超过10 min就可以达到地铁或轻轨站"，《香港铁路发展策略（2014版）》提出"铁路服务将覆盖本地超过70%人口居住的地区"。国际上对于轨道交通车站直接服务范围通常以步行5~15 min，也就是400 m到800 m为半径。上海在新一轮轨道交通线网规划中，选取600 m半径作为车站的直接服务范围。此外，在传统的站点600 m范围面积覆盖率基础上，充分体现乘客使用方便导向，进一步提出人口覆盖率、岗位覆盖率等规划导向要求。

在引导人口和岗位向车站周边集聚的基础上，规划还将进一步完善轨道与常规公交、出租车、小汽车、非机动车等其他交通方式的接驳，提升轨道交通出行的便捷性，解决"最后一公里"②的出行难题。

2. 换乘方便

2019年上海轨道交通网络换乘率已达到1.75，

---

① 网络韧性是指，网络受到破坏后能够迅速恢复、保持网络正常运转的能力。

② "最后一公里"问题是指，轨道站点到家的一段路程的理想步行距离一般不超过800 m，但是存在不少站点覆盖不足的地区，由于缺少良好的接驳交通保障，导致最后一段路程步行距离过长，很不方便。

分区域轨道交通站点600 m范围覆盖率规划指标　　　　　　　表3–2

指标＼空间区位	中心城	主城区	新城
面积覆盖率	60%	50%	40%
人口覆盖率	65%	55%	40%
岗位覆盖率	70%	60%	40%

(资料来源：作者自制)

图3-3　地铁7号线罗南新村站外公交枢纽站与非机动车停放点（资料来源：作者自摄）

图3-4　地铁9号线佘山站非机动车停放点（资料来源：作者自摄）

这意味着平均每10个人出行将产生7.5次换乘。根据最近的交通调查数据显示，上海轨道交通全出行链平均时耗约59.7 min，其中等候和换乘时间约占7.3 min，车内时间约占28.9 min。换乘便利性与否直接影响着轨道交通全出行链的服务水平和出行体验。

当前上海多座车站存在换乘距离长、换乘通道拥堵、需要出站换乘等问题，例如上海火车站、南京西路站、虹桥2号航站楼站需要长距离通道换乘甚至出站换乘，大大影响了乘客出行的便利性。

图3-5 上海火车站1号线与3号线、4号线长换乘通道（资料来源：作者自摄）

图3-6 龙阳路枢纽16号线与2号线、7号线长换乘通道（资料来源：作者自摄）

由于早期轨道交通在设计、建设、运营等方面遇到种种问题,导致换乘系统在整体性和便利性等方面的服务质量难以满足出行者的需求。为此,上海特别提出,两条及以上新建轨道线路换乘车站之间应采用站内换乘①,如果采用通道换乘②,换乘通道长度不宜大于100 m;新建线路与既有线路之间宜采用站内换乘,如果采用通道换乘,应尽量缩短换乘通道长度,换乘时间宜控制在5 min以内。

(三)更快捷的轨道交通网

上海轨道交通网络在快捷性上,尤其在市域和都市圈范围内,与纽约、伦敦、东京、巴黎等全球城市还有较大的差距。在"更加快捷的轨道网"目标下,规划更加关注居民乘坐轨道交通到达目的地的旅行时间。

1. 中心的快联

城市中心是商业、办公、文化等各类公共活动设施集聚的场所,优先保障城市公共活动中心间的轨道快速联通,可以有效提升整个网络的平均出行速度。

"上海2035总规"提出在主城区范围内新增六

部分相邻城市副中心之间的现状轨道交通出行时间
表3-3

序号	区间	时间(min)
1	真如——五角场	40
2	真如——虹桥	40
3	花木——张江	10
4	张江——金桥	30
5	张江——川沙	20
6	虹桥——闵行	50
7	五角场——宝山	50

(资料来源:作者自制)

个主城副中心③,在新城范围内,新增五个新城副中心④。为了更好地支撑城市公共中心体系发展,提高副中心对周边区域的辐射带动作用,加强副中心间的分工合作,新一轮线网规划提出城市主中心与主城副中心之间的轨道交通内部出行时间控制在30 min以内,新城副中心与毗邻主城副中心的轨道交通内部出行时间控制在30 min以内的规划目标。

2. 都市圈和市域城镇的快速连接

上海大都市圈⑤的发展,对城市轨道交通在

---

① 站内换乘是指乘坐地铁时,无需出站,只要按照标牌指示换乘。
② 通道换乘是指用一个通道把两个独立的车站站厅连在一起的换乘方式。由于通道布置灵活的特点,较多应用于因地理条件限制而难以设计两线共用站厅的车站。
③ 六个主城副中心是张江、金桥、虹桥、川沙、宝山、闵行。
④ 五个新城副中心指嘉定、青浦、松江、奉贤、南汇。
⑤ 都市圈是城市群内部以超大特大城市或辐射带动功能强的大城市为中心,以1小时通勤圈为基本范围的城镇化空间形态。上海大都市圈包括上海、苏州、无锡、常州、南通、嘉兴、宁波、舟山、湖州,是在交通通勤、产业分工、文化认同等方面与上海更加紧密的地区。

服务通勤出行、支撑公共服务、优化空间布局等方面提出了新的要求。推动包括轨道交通在内的综合交通一体化，是实现上海与近沪地区一体化发展的重要举措。

东京、巴黎等大城市在都市圈的发展上早于我国，其中的发展经验也值得我们借鉴。东京都市圈构建了覆盖都市圈70 km范围的市域线网络，巴黎构建了市域线系统服务市中

图3-7　上海市域、近沪地区及大都市圈（资料来源：作者自绘）

心与郊区城镇的出行,有效支撑了都市圈的发展。

综合考虑都市圈发展要求以及上海城市空间体系,同时借鉴国外发达城市的发展经验,为了更好地支持上海大都市圈发展,规划提出上海的新城、近沪城市至毗邻主城区副中心的轨道交通出行时间应分别控制在 45 min 和 60 min 以内。

(四)更舒适的轨道交通网

轨道交通应带来便捷的出行和更高品质的生活,但高峰时段拥挤的车厢、拥挤的站台、拥挤的换乘通道,以及大量的限流车站,让轨道交通的吸引力大打折扣。根据历次交通大调查结果,上海市轨道交通多条线路高峰严重拥挤,线路拥堵率超过100%的区段占到全网17%。

随着人民生活水平的提高,市民对于出行品质的要求也日益提高,轨道交通发展由满足出行需求向提升发展品质倾斜。因此,未来的轨道交通发展应该更多地考虑乘坐的舒适性,更多地关注乘客的感受。在规划阶段要将营造良好的乘车环境设为目标,将车厢拥挤水平纳入考虑范围内,确定未来的轨道交通网络规模。

(五)更公平的轨道交通网

轨道交通作为城市最大的公用事业[①]之一,新一轮轨道交通线网规划更加关注不同区域、不同人群对轨道发展的诉求,以构建更加公平的轨道网络。

---

① 公用事业是指服务于城市生产、流通和居民生活的各项事业的总称,通称城市基础设施或市政服务事业。在我国,大部分城市公用事业由国家或城市财政投资兴办。

图3-8 地铁9号线佘山站外常态化限流(资料来源:作者自摄)

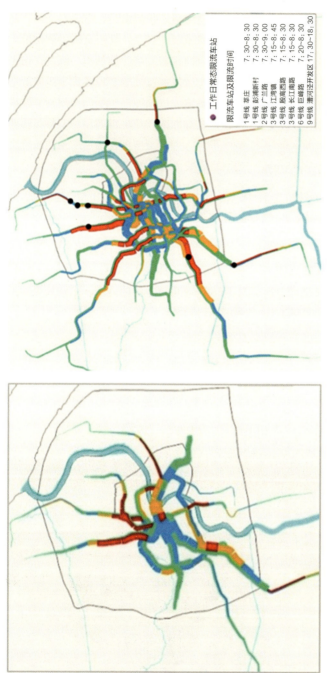

图3-9 工作日高峰时段轨道网拥挤情况（左图2009年，右图2014年）（资料来源：作者自绘）

第三章 创新与引领

图3-10 现状：人民广场枢纽大客流拥挤情况（资料来源：作者自摄）

1. 市镇范围全覆盖

轨道交通作为解决城市拥堵、提升城市竞争力的重要方式，可以大幅度提高居民出行的可达性，多围绕城市空间轴线、客流走廊进行布设。但作为非常重要的公共资源，轨道交通建设还涉及社会公平问题。每个区域的人口、岗位分布是不均衡的，同样建设一条轨道交通线路，带来的服务效率和效益也是不一样的。

因此，从公共设施布局公平性角度出发，需要思考轨道交通在人口岗位密集的主城区高密度配置，与人口岗位相对稀疏的新市镇的基本配置之间的取舍和平衡。尤其是在上海已经建成了规模世界第一的地铁网络的基础上，如何提高市域范围内新市镇的轨道交通服务成为了新的问题。

目前，上海中心城范围内1 000万人口享有200余座车站，平均每5万~10万人即享有一个轨道交通站点服务。从城乡居民公共设施配置公平性角度出发，5万~10万人口的新市镇也应当享有轨道交通服务。巴黎、东京等全球城市的轨道网也对外围地区5万~10万以上人口城镇实现了大比例覆盖。从某种意义上说，提升郊区的轨道交通服务，是雪中送炭，而在密集的市区提升服务仅仅是锦上添花。

基于此，规划提出上海市域5万~10万以上人口的城镇应享有轨道交通覆盖的基本公共服务配置。这是促进城乡一体发展的重要支撑措施，也是服务新型城镇化的重要手段。

2. 浦江两岸相对均等

聚焦到中心城范围，上海轨道交通服务也存在不均衡的问题。由于早期的轨道交通网络规划，浦东人口岗位密度大幅低于浦西，导致浦东轨道密度大幅低于浦西，这也间接造成了浦东地区公共交通服务水平长期处于相对较低水平。

为了提供更加公平的公共设施服务，规划进一步提升浦东地区轨道交通覆盖水平。构建一个更加均衡的轨道交通网，不应是线网密度和站点密度上的均衡，而更应关注服务的人口、岗位上的"公平"。

二、规划理念创新

面对新时期"多中心、网络化"的空间发展特征，按照"一张网、多模式、广覆盖、高集约"的规划理念，规划提出形成市域线、市区线和局域线三个层次、3个1 000 km的轨道交通网络，提供因地制宜的公共交通服务。

（一）市域线网

市域线是一种介于城际铁路和市区地铁之间的轨道交通系统，是城市轨道交通网络的骨架。针对上一轮规划轨道交通快线服务效率不足的问题，按照更加快捷的发展要求，上海市新一轮线网规划提出了要构建由市域铁路、城市轨道快线等构成的1 000 km多模式市域线系统，全面提升线网运营效率。

1. 充分利用既有铁路通道与场站资源

作为华东地区最主要的铁路枢纽，上海具有丰富的铁路通道和场站资源，沪昆铁路、京沪铁路等铁路通道运输能力存在富余。充分利用既有铁路通道与场站资源服务城市客运交通，是上海在新一轮城市轨道交通线网规划中落实"四网"融合发展[1]的重要举措。

---
[1] 轨道交通"四网融合"指干线铁路网、城际铁路网、市域（郊）铁路网、城市轨道交通网的融合。

多模式轨道交通网络系统层次表　　　　表 3-4

系统模式		功能定位	设计速度 （km/h）	平均站距 （km）	设计运能 （万人/h）
市域线	城际铁路/ 市域铁路/ 轨道快线	服务于主城区与新城及近沪城镇、新城之间的快速、中长距离联系，并兼顾主要新市镇	100~250	3~20	≥1.0
市区线	地铁	服务高度密集发展的主城区，满足大运量、高频率和高可靠性的公交服务	80	1~2	2.5~7.0
市区线	轻轨	服务于较高程度密集发展的主城区次级客运走廊，与地铁共同构成市区轨道网络	60~80	0.6~1.2	1.0~3.0
局域线	现代有轨电车、胶轮系统等	作为大容量快速轨道交通的补充和接驳，或服务局域地区客运走廊，提升局域公交服务水平	—	0.5~0.8	0.5~1.5

（资料来源：作者自制）

新一轮线网规划在市域线规划中，充分考虑到中心城既有通道资源稀缺的情况，提出利用既有普速铁路干线、联络线和支线资源，提供城市客运服务。在近 1 000 km 的市域线网络中，既有铁路利用长度约 443 km，约占总里程的 40%。

同时，上海主要铁路客站，包括虹桥枢纽、上海站、上海西站、上海南站和浦东枢纽，增加了市域服务功能。通过网络互联和车站衔接，让既有铁路利用网和新增市域铁路网深度融合，提升网络整体效益。

2. 突出市域线的空间引导功能

上海轨道交通建设之初，其建设进程总体上滞后于城市化进程。20世纪90年代，地铁1号线开通时，主要沿中心城区相对成熟的建成区走行，沿线客流走廊相对成熟。在随后的几条地铁线路建设过程中，总体也是按照适应城市发展的思路，从线网中优先选择客流效益好的放射线进行建设。尽管1999版线网规划方案提出了"环+射+切"网络结构，但直至20年后，上海才正式开通运营了18号线一期南段和15号线，形成了4号线环线之外的切向形线路。

为了进一步发挥轨道交通在城市空间发展中的引导作用，新一轮线网规划在线网设计中，打破传统的"适应需求"方法，更加关注轨道交通的"空间引导"功能。除了发展沿主要客流方向的放射形线路外，更加注重市域

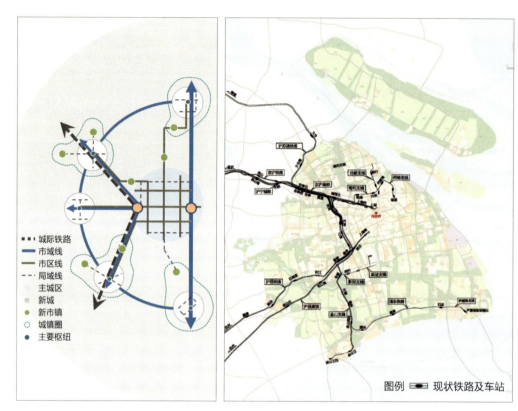

图3-11 多模式轨道交通网络结构和上海市既有铁路资源梳理图（资料来源：作者自绘）

范围内的切向形线路的规划和建设。尽管切向线路在客流效益上将低于放射线路，但通过切向线路将新城、中外围地区的主要功能区串联，可以进一步促进新城之间的联动发展，支撑中外围地区的开发建设。因此，在最终的市域线网络中，虽然放射形市域线通道有9条，但切向形联络通道数量达到了13条，充分体现了轨道交通引导市域空间格局优化的理念。

3. 构建上海大都市圈一体化网络

长三角[①]的空间格局已向"网络化、多中心"演变，无论城市大小，都将更加紧密地链接到全球网络系统中，发挥特定的功能和作用，一个小城镇也将可能成为未来全球化城市网络中的重要节点。

---

① 长江三角洲地区包括上海市、江苏省、浙江省、安徽省的城市，共41个。

第三章 创新与引领

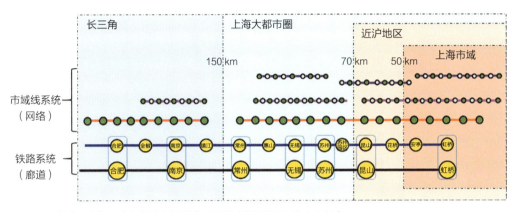

图3-12 都市圈空间层次与轨道交通模式示意图（资料来源：作者自绘）

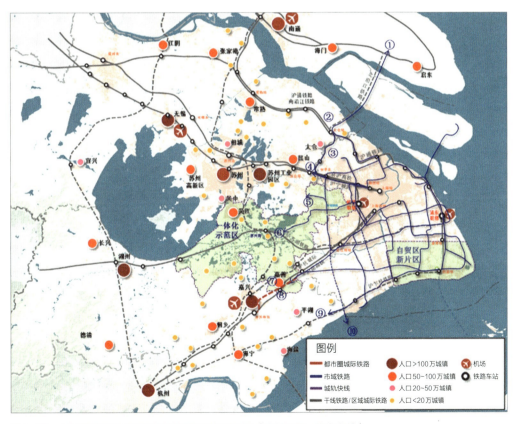

图3-13 上海及近沪地区市域线网络规划研究示意图（资料来源：作者自绘）

上海周边的全球型市镇比比皆是、星罗棋布。未来，上海大都市圈将有更多的城市嵌入全球网络。为此，上海大都市圈交通设施需要进一步打破行政边界，以"打造轨道上的都市圈"为重点，构建上海大都市圈一体化网络。规划中已经预留了10余处对外接口，可以与周边城市轨道交通网络深度衔接。

4. 推动市域铁路网络互联互通

为了减少乘客在不同线路间的换乘，提升乘客乘坐的整体舒适度，上海在新一轮市域线规划中提出，要实现载客列车在不同线路之间的直通运营。

市域铁路互联互通主要有两种模式，一种是在枢纽车站内，通过配线设置实现跨线运营，例如嘉闵线与机场联络线在虹桥枢纽站实现互联互通；另一种是通过设置联络线，实现跨线运营，例如嘉青松金线与南枫线在朱泾地区规划预留联络线，实现嘉定、青浦、松江、奉贤、临港新城之间的直联直通。

（二）市区线网

经过近三十年的快速建设，上海地铁线网规模已位居全球第一，但中心城区的轨道网络仍存在进一步优化的空间。围绕网络结构优化、重点地区线网加密和均衡不同地区线网服务，新一轮线网规划进一步扩大了市区线网络规模与覆盖范围，是支撑上海全球城市发挥核心功能的基础。

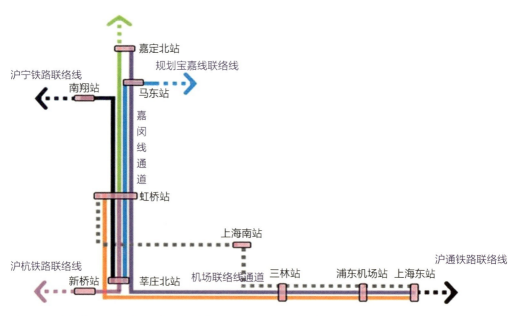

图3-14 市域铁路互联互通网络化运营规划（资料来源：作者自绘）

第三章 创新与引领

图3-15 机场联络线与嘉闵线、铁路干线互联互通运营示意图（资料来源：作者自绘）

1. 主城片区轨道服务水平提升

"上海2035"总体规划在上一版总规确定的中心城（外环线以内范围）基础上，新增了闵行、虹桥、宝山和川沙四个主城片区，希望通过主城片区的规划建设，引导中心城周边区域紧凑发展。

因此，在新一轮市区线规划中，特别强化了主城片区轨道交通线网的加密与优化，通过既有线路的适当延伸和新增市区线等方式，加强主城片区与中心城区的联系，提升主城片区的轨道交通服务水平。

2. 已有网络补短板

浦东地区和中心城北四区[①]的线网密度整体偏低，高峰时段供需矛盾较为突出，因此，新一轮市区线规划的一个重点内容就是对这类地区的轨道交通线路进一步优化和加密，扩大轨道交通网络覆盖范围，增加轨道交通供给。

① 中心城北四区指普陀区、静安区、虹口区、杨浦区。

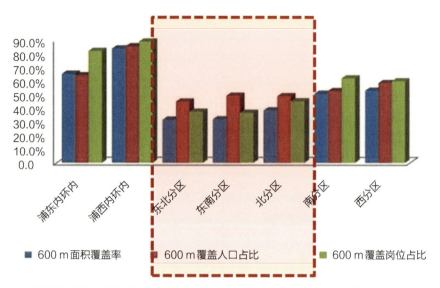

图 3-16 新一轮线网规划启动编制前中心城分区轨道交通规划覆盖水平对比（资料来源：作者自绘）

3. 直通及跨线运营

类似于市域线的互联互通，考虑到市区线建设客流强度的不断降低，为充分发挥市区线服务功能，新一轮市区线规划也在探索网络中哪些线路具备跨线直通运营的必要性与可行性，从而在规划上做出相应预留。

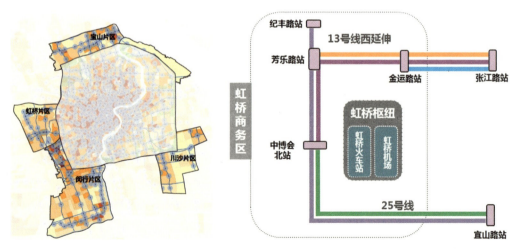

图 3-17 依托加密市区线提升主城片区轨道交通服务水平 | 地铁 13 号线与 25 号线互联互通运行交路规划方案（资料来源：作者自绘）

借鉴东京私铁与地铁直通运转的模式，为了发挥规划25号线近期疏解国家会展中心大客流的功能，规划提出13号线向西延伸在芳乐路站接入25号线，从而实现25号线北段利用已开通运营的13号线通道直接进入中心城。

（三）局域线网

东京建设轨道交通早于上海，但过度立体化和地下化对于交通组织和出行感受的负面影响，让东京的市民们，对蔓延和过于发达的地下交通环境产生了隐忧。

近年来，以北京、上海为代表的国内部分超大城市在轨道交通进入网络化阶段后，开始探索局域线的建设实践。例如，上海轨道交通浦江线、上海松江现代有轨电车、广州珠江新城APM以及北京地铁28号线等，为我国局域级轨道交通的发展积累了一定经验。

为了在新城和主城片区提供更加丰富的轨道交通服务，实现站点600 m有效覆盖率达到40%左右的规划目标，在市域线和市区线之外，规划提出增设局域线的发展导向。以中运量轨道为主要制式的局域线建设成本较低、建设形式灵活、建设周期较短，又能提供便捷的出行服务，既可作为外围城镇组团的骨干交通，又可以作为难以利用市区线服务的地区的轨道交通服务的补充，将是新城和主城片区提升轨道交通覆盖率，促进空间高品质发展的重要交通支撑措施。

局域线规划主要需考虑以下三点：

1. 整合地面公交客流走廊

客流走廊是城市公共交通网络规划布局的基础。有别于市域级、市区级轨道交通服务的主要客流走廊，局域线的主要功能在于整合成熟的地面中等运量公共交通客流走廊，可以有效提升走廊服务效率，并促进地面常规公交转型升级。

2. 补充中心城区轨道交通服务

在轨道发展较为成熟的中心城区范围内，局域线是补充局部地区轨道服务不足的有效方式。通常体现在两个方面，其一是对特定地区轨道交通站点覆盖率不足的补充；其二是对重点地区轨道交通服务方向性不足的补充。例如，在局部的城市更新地区或滨水地区，当往往难以通过加密或改造周边市区线服务地区发展时，适宜结合地区城市更新规划发展局域线，并与周边轨道网高效衔接，从而有效扩大市区级轨道交通服务范围。

3. 在新城打造小站距、类轨道服务

新城空间的组团化特征较为明显，小站距的局域级轨道交通作为地区公共交通系统的主要骨架，并与常规公交共同构成地区公共交通网络，是提升公共交通整体服务水平的必由之路。

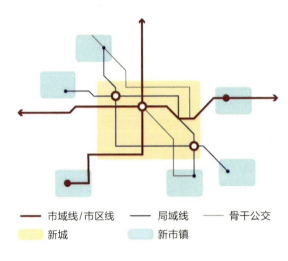

—— 市域线/市区线　　—— 局域线　　—— 骨干公交
■ 新城　　■ 新市镇

图3-18　新城局域线布局模式示意图（资料来源：作者自绘）

三、资源共享集约

轨道交通是缓解特大城市交通矛盾、实现交通可持续发展的重要途径。为了实现城市的可持续发展，促进城市用地的集聚发展，需要加强高集约、高品质的规划导引，因此，新一轮轨道交通规划提出了节约集约的发展要求。

（一）网络设施资源共享

上海在网络资源共享[①]方面取得了显著的效益，并通过规划的统筹继续不断促进更高水平的资源共享。资源共享统筹可以通过两种方式实现，一种是车辆基地[②]检修资源共享，一种是网络互联互通[③]。

1. 车辆基地检修资源共享

车辆基地资源共享包括车辆段[④]检修资源共享以及车辆基地共址两类。

---

① 网络资源共享指的是在一定网络规模的前提下，通过合理布局车辆基地、协调车辆基地与网络运营间的关系，科学分配停车和检修资源，进而提升检修效率、降低土地使用。网络资源共享的核心思路是归并网络中在空间布局和时间利用上相对分散的设备和人员，达到充分共享网络中设备、人力等资源的目的。

② 车辆基地是城市轨道交通系统中，保证轨道交通系统中各项设备处于良好状态、确保行车安全的场所，包括车辆段（或停车场）、综合维修中心、物资总库、培训中心及其他生产、生活、办公等配套设施。

③ 轨道交通互联互通是指不同制式的线路或制式相同而设备系统不同的线路，通过工程技术改造和技术处理，实现客运列车贯通运行。

④ 车辆段是城市轨道交通系统中对车辆进行运营管理、停放及维修、保养的场所，承担车辆的定修、大修、架修等定期修理任务。同时也是车辆段工作人员的办公场所。

定期维修中的大修①、架修②或四、五级修③大都使用频率低、检修时间长，可以从网络层面考虑大修和架修资源共享，将若干条线路的大修和架修集中至一座车辆基地，提高检修设备利用率，减少车辆基地占地面积。同时，为保障网络中车辆段架修和大修资源共享，需要在线网中合适位置设置相应的车辆通道。车辆通道多以线路之间或段、场合建的联络线、渡线的形式实现，需要在线网规划阶段统筹考虑并做好规划控制。

车辆基地共址主要考虑将不同线路的车辆基地选址于同一位置，从而实现日常维修、仓储办公等资源共享，一定程度上也可以达到减少用地面积的目的。

2. 网络互联互通

市区线中联络线的建设，本质上也是一种资源共享。对于上海这一轨道交通运营里程超过1 000 km的超大城市，倘若每条线路都单独配置备用列车④，全网将形成较多备用车，造成一定层面的资源浪费。在规划阶段，如果能通过设置一定联络线实现网络内部备用列车的共享，可以有效减少停车设施规模。

在规划阶段谋划网络互联互通，也可以压缩车辆基地的空间需求。目前，主要通过两条线路合设一座车辆段，实现资源共享。但从节约集约利用土地、提高资源利用效率的角度，车辆基地的配置方案还可以进一步优化。

（二）车辆基地综合开发利用

车辆基地是占用城市空间资源最多的交通设施之一，分布广、数量多、单体规模大，会产生对城市空间分隔的负面影响，而且上海的土地资源日益紧缺，需要集约化使用轨道交通用地。同时，由于轨道交通投资大、运营成本高，难以依靠运营收入弥补建设运营成本，也给财政带来了巨大压力。

为此，上海颁布了一系列政策，规定了轨道交通场站综合开发的规划编制、开发原则、开发方式，指导上海轨道交通场站综合开发。

---

① 大修一般是地铁车辆运营满10年或运营里程达120万km时，对车辆进行的一次计划检查和修理。在此修程中，将对各系统设备进行全面分解、彻底检修，对关键系统和重点部件进行分解、检查、探伤、修理、试验，对易损易耗件进行检查、更换，以恢复车辆良好技术状态。

② 架修一般是指地铁车辆运营满5年或运营里程达60万km时，对车辆重要部件进行分解、清洁、检查、探伤、修理，并对车辆进行全面建成、调试及试验，以恢复车辆综合性能，达到规程要求和质量验收标准的维修。

③ 动车组检修共分五个等级，四、五级修是将整个车体全部解体进行维修。

④ 备用车的主要作用是当正线发生车辆故障时，上线替开故障列车；或因正线线路故障或列车故障造成行车间隔增大时，上线调整行车间隔，保障列车按照运营时刻表的要求准点开行。

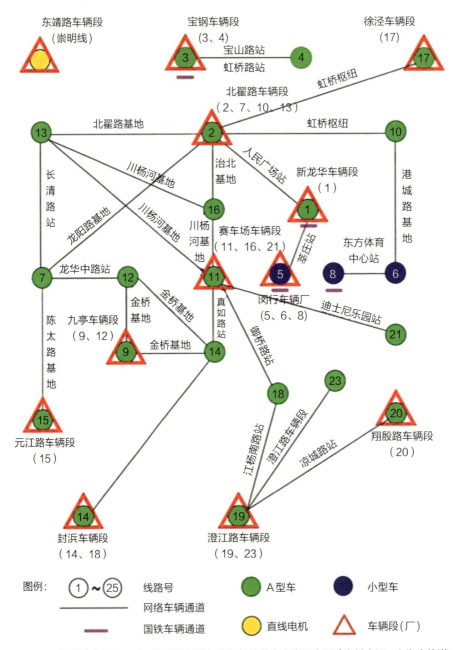

图3-19 近期方案网络互联互通联络通道和车辆基地共享方案示意图（资料来源：上海市轨道交通近期建设规划（2018—2023））

车辆基地规划布局优化要求　　　　　　　　　　　　　表 3-5

类型	通常做法	优化方案	
		市区线	市域线
车辆段	一般 2 条线路设 1 座	3 条线路设 1 座	市域铁路全网设 1~2 座，其他制式按需设置
停车场	一线一场	一线一场	多线一场
	超过 20 km 增设	超过 20 km 按需增设	超过 30~40 km 按需增设

(资料来源：作者自制)

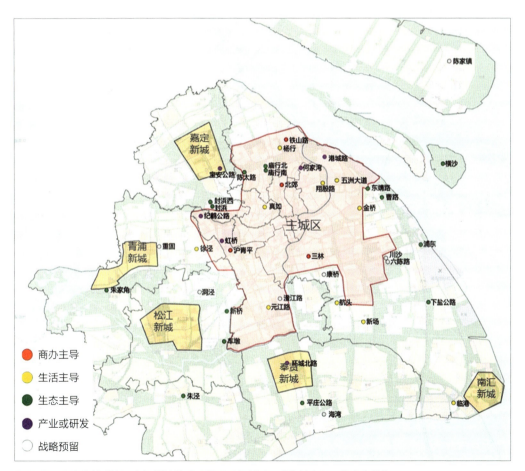

图 3-20　上海市轨道交通车辆基地综合开发利用规划引导（资料来源：作者自绘）

轨道交通车辆基地综合开发利用①是节约集约利用土地资源的新模式，既可以改善片区环境，促进轨道交通与城市建设协调发展，又可以反哺地铁运营，实现轨道交通的可持续发展。车辆基地的综合开发一般指车辆基地"上盖"开发，车辆基地上盖开发是将原本置于地面的住宅、商业、办公等"搬到"空中，设置在车辆基地上方，在盖上进行综合开发，盖下进行车辆基地建设。

结合不同区域发展要求，上海将综合开发类型划分为"三区五类"。"三区"是指车辆基地按所属位置划分为主城区、新城、新市镇3类区域，"五类"是指车辆基地综合利用功

---

① 车辆基地的综合开发一般指车辆基地"上盖"开发，为促进土地集约利用，在满足车辆基地正常使用功能的前提下，利用车辆基地结构顶板和实土地面来布置其他城市功能。

图3-21　蒲汇塘停车场屋顶绿化（资料来源：作者自摄）

图3-22　吴中路停车场上盖开发（资料来源：作者自摄）

图3-23 龙阳路车场光伏发电设施(资料来源:天地图)

图3-24 徐盈路车辆基地上盖"天空之城"(资料来源:作者自摄)

能分为商办主导、生活主导、生态主导、产业或研发、战略预留5种类型,需要因地制宜地规划车辆基地的综合开发利用功能。

上海的车辆基地综合开发利用起步较晚,最初以公益优先综合利用为主,例如上海4号线蒲汇塘停车场上盖建设了亚洲最大的屋顶绿化。

吴中路停车场上盖开发项目是上海首个车辆段综合开发项目,位于地铁10号线紫藤路站。吴中路项目包括购物中心、写字楼、空中花园、公寓酒店、地铁博物馆,吴中路万象城购物中心于2017年开业。

龙阳路车辆基地除了承担地铁2号线和7号线的保障服务,还隐藏着一座"发电厂"。车库屋顶铺满了太阳能板,总面积达到5万m^2,一年的发电量大约可以供8节编组[①]的列车跑20万km。

四、科学精准评价

综合交通模型[②]是城市综合交通规划中重要的量化分析工具,在上海已有40年的发展历程。研发适用于线网规划的交通模型是规划编制和方案评价的重要工作内容。经过几轮线网规划编制和应用,综合交通模型在轨道交通规划中的应用已日臻成熟,为线网规划方案落地提供了有力支撑。

(一)研发交通模型

轨道交通相关规划一直是交通模型应用的重点之一,包括轨道线网规划和建设规划等阶段的网络评估、方案比选论证,各线路的选

[①] 地铁列车编组有多种形式,常见的编组有4节车厢编组、6节车厢编组和8节车厢编组。

[②] 综合交通模型,是融合城市交通相关的道路交通网络、轨道交通网络、城市居民出行特征、历史的交通量数据以及相关的交通方法和理论,建立的一个模拟的城市交通,用于交通需求预测、交通影响分析、交通政策研究等。

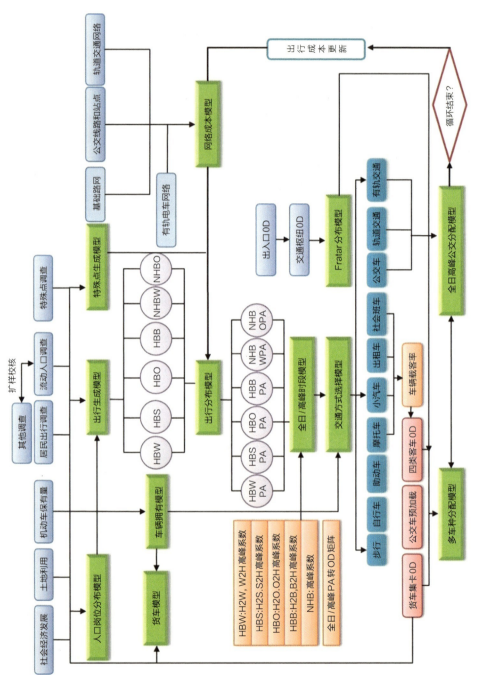

图3-25 上海市交通模型架构图（资料来源：作者自制）

线专项规划客流预测等。轨道交通网络相比于地面交通网络具有更强的规律性，模型方法的应用和研发也更为精准和实效。

上海市新一轮轨道交通线网规划编制前，就开展了现状和规划交通网络的评估工作，为后续轨道交通方案编制和持续修正提供了重要基础；在线网编制过程中，按照不同规划理念和方法形成了多套比选方案，通过应用交通模型，为方案的全方位综合比选提供了有力支撑。

（二）建立多维指标体系

紧密围绕线网规划的发展目标，建立多维线网评价指标体系，包含了线网结构指标、空间适应性指标、交通功能指标以及客流效益指标4个方面，为线网方案多方比选和推荐方案综合评价提供了有力支撑。

1. 线网结构指标

线网结构指标是评价线网物理结构的重要内容，主要包含线路密度、站点密度、网络连通性和换乘系数。其中，线路密度与站点密度是约束性指标，不应低于线网规划设定的发展目标；网络连通性和换乘系数是预期性指标，可以反映出不同网络结构的科学性。

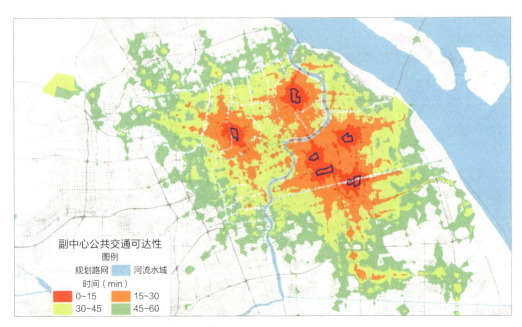

图3-26　城市副中心轨道交通可达性分析图（资料来源：作者自绘）

2. 空间适应性指标

空间适应性指标是评价规划线网与城市空间格局是否适应的重要内容，包括了分区线网人口与岗位覆盖情况、重点地区轨道交通可达性和主要功能节点之间的出行时效性。其中，分区线网的人口与岗位是约束性指标，不应低于该区域的轨道交通线网规划要求；重点地区轨道交通可达性和主要功能节点之间的出行时效性是预期性指标，指标值越大，反映出规划线网对城市空间发展的适应性越强。

3. 交通功能指标

交通功能指标是评价轨道交通在城市综合交通体系中功能发挥的重要内容，包括公共交通分担率以及轨道交通客运量占比。两者都是预期性指标，指标值越高，说明规划轨道交通网络对居民的吸引力越大。

4. 客流效益指标

客流效益指标是评价轨道交通网络服务水平和可持续发展水平的重要内容，包含了网络客流总量、客流强度、客流分布、平均乘距和平均时耗等统计指标。面向"上海2035"总体规划，上海市的轨道交通出行体验将得到大幅改善，并进一步提高相对于个体机动化出行方式的竞争力。同时，网络也要保证一定的客流强度，确保系统能够可持续发展。

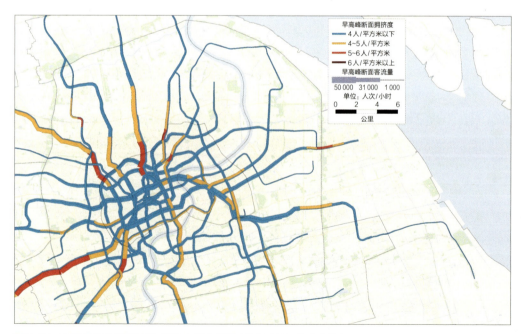

图3-27 现状早高峰客流强度与服务水平分析图（资料来源：作者自绘）

(三)广泛应用大数据

随着智能交通技术的发展,交通信息的采集手段和数据来源越来越丰富,为交通模型创造了更加全面的数据输入条件。之前主要依靠10年一次的人口普查和5年一次的经济普查获取人口岗位数据。如今,可以使用手机信令、百度位置数据获得持续且动态更新的人口岗位数据,也可以获得就业人口居住地和工作地的空间联系,这是人口普查和经济普查无法实现的。

在现状轨道交通网络规划评估过程中,对传统交通调查数据和交通大数据进行了融合分析,充分发挥了传统数据的精度高、内容丰富的特点以及交通大数据样本量大、覆盖面广的特点,有效提高了模型分析的精准性。

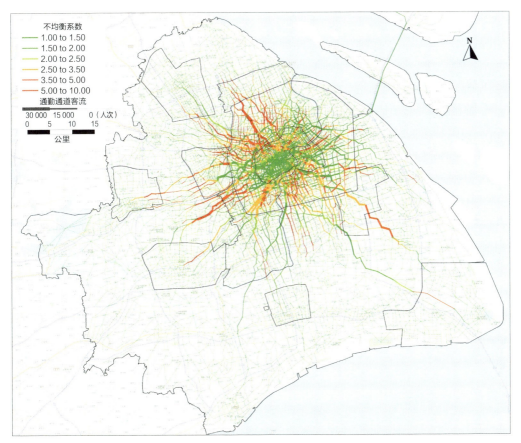

图3-28 基于百度大数据的轨道交通通勤客流不均衡性分析示意图(资料来源:作者自绘)

第四章
梦想与展望

随着新一代科技革命和产业变革的发展，新的技术层出不穷，为轨道交通发展带来更多的可能性。出行服务与人们的生产生活息息相关，人民对美好生活的向往，也会产生更多样化、个性化、效率化的出行需求。

在迈向高速、环保、安全、舒适的道路上，未来的轨道交通还会有哪些突破？会出现哪些新模式？

轨道交通的智能化之路，将会如何推进？

轨道交通会推动城市向何处发展？又会引领什么样的生活方式？

带着这些问题，本章节将为您带来规划工作者们对上海轨道交通美好未来的展望与想象。

一、轨道交通新模式

从国内外轨道交通发展脉络来看，轨道交通发展到一定规模和阶段，会因为新技术的突破，衍生出新型的轨道服务产品。例如，在东京和大阪的网络发展相对成熟以后，日本开始发展单轨[①]、空轨[②]等制式。近年来我国也研究并建设了中低速磁悬浮[③]、智轨[④]等多种类型轨道线路，来更好地服务人民日益多样化的出行需求。

随着互联网、5G、大数据、人工智能等先进技术的赋能，智能化、高速化、绿色化、大容量、安全舒适、互联互通，将成为未来轨道交通的发展方向。

（一）跨制式互通

打破铁路—有轨电车—地铁间的严格划分界限，是轨道交通发展的美好期望。如何实现不同模式或者不同制式间轨道网络的互联互通，国内外都进行了积极探索。欧洲"电车—列车系统"[⑤]和国内外均研制成功的双流制列车[⑥]，为上海轨道交通系统融合提供了很好的参考。

---

① 单轨系统的类型主要有两种，一种是车辆跨骑在单片梁上的运行方式，称之为跨坐式单轨系统，另一种是车辆悬挂在单根梁上运行的方式，称之为悬挂式单轨系统。
② 空中轨道列车，简称空轨，是悬挂式单轨交通系统，轨道在列车上方，适用于中小城市的交通工具。
③ 磁悬浮列车分为高速和中低速两种类型，中低速磁浮列车一般速度不超过120 km/h。一般认为，中低速磁浮适合近距离交通，高速磁浮适合远距离交通。
④ 智轨的全称是智能轨道快运系统，其不依赖钢轨行驶，只是在地面画有导向标线，通过车载各类传感器识别地面导向标线，实现和铺设轨道一样的固定行驶线路。
⑤ 电车—列车系统是有轨电车与市郊列车的互联互通，有轨电车既可运行在市内的有轨电车线网上，也可运行于郊区快速铁路或国铁重轨上。
⑥ 双流制列车，是同时搭载了交流、直流两种供电系统，能在25 kV交流和1 500 V直流两种供电路线上全自动切换运行的列车。直流供电以城市轨道交通为主，交流供电以铁路列车为主。

1. 电车—列车系统

城市空间结构的差异导致不同区域客流的差异。在城市中心区域，轨道交通通过网络化建设支撑着城市高强度开发。在城市边缘区域，主要通过局域线建设提升公共交通覆盖水平。

传统铁路和有轨电车是主要的地面轨道交通方式。长期以来，轨道交通以高架或地下立体化发展为主。

为了实现新城、新市镇与中心城之间的快速联系，同时兼顾新城和新市镇内部轨道网络的广覆盖，电车—列车系统这种融合了现代有轨电车和市域列车各自优势的新型轨道模式，为轨道出行带来了新的选择和体验。

电车—列车系统是现代有轨电车与市域列车的融合，路面有轨电车可以从市区轨道驶入传统的铁路线路，实现路线资源的共享。目前已在欧洲部分城市采用，如德国卡尔斯鲁厄、法国米卢斯和德国卡瑟尔。

电车—列车模式（Tram-Train）最早应用于德国卡尔斯鲁厄。卡尔斯鲁厄利用已有的铁路与有轨电车基础设施，在保证出行时间的基础上增加更多站点，研发了适用于市内轨道直流供电系统与德铁交流供电系统的电车，实现列车运行时车辆交流变直流或直流变交流的自动转换。

上海提出构建"市域线、区域线、局域线"3个1 000 km的轨道交通网络，市域线与局域线将逐步成为上海市未来轨道交通发展的重点。当前，市域铁路迎来建设热潮，但以有轨电车为主的中低运量轨道交通建设逐渐陷入困境。在这个背景下，进行电车—列车系统规划应用探索与试点策划，可以为后续上海市市域铁路和有轨电车创新发展提供参考。例如，对于新城、新市镇，单独修建市区线财政负担较大、客流支撑不足，电车—列车模式可以作为一种解决方案。

图4-1a 实施中的威尔士电车-列车系统（资料来源：https://news.tfw.wales/resources/taffs-well-july-23-15）

图4-1b 西班牙卡迪兹中央车站的电车-列车（资料来源：https://www.sustainable-bus.com/trolleybus-tramway/inaugurated-in-cadiz-the-first-tram-train-in-spain/）

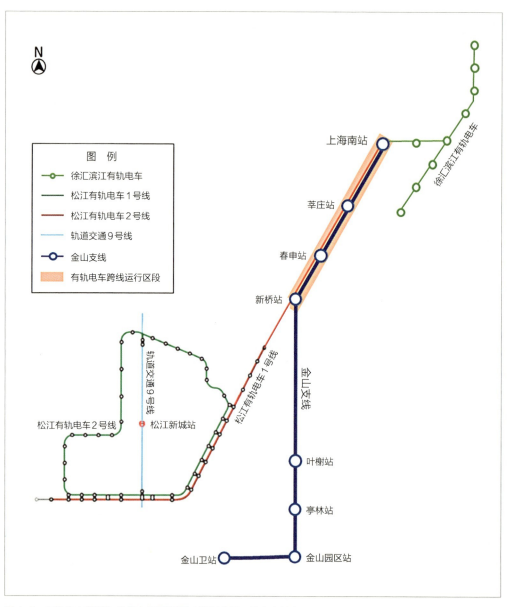

图4-2 有轨电车轨道与铁路支线贯通图(资料来源:作者自绘)

目前，我市已发展了金山支线示范线和松江有轨电车，徐汇滨江预留了滨江有轨道通道，电车列车系统使三者联通促进网络化、多中心规划结构的形成成为可能。

2. 双流制列车

我国当前在大力推进高速铁路建设，在快速建设的过程中，因线路技术标准和行车组织要求，出现了部分高铁车站选址对城镇服务弱化的情况，主要体现在两个方面：一是高铁车站与普铁车站在地理上分离，降低了对外枢纽的集中度和组织效率，而且会切割城市空间；二是高铁车站的选址远离中心城区，大大影响了高铁的出行效率。

为了实现国家网络、区域网络、城市网络的一体化，保证高铁出行的便利，将国家铁路引入城市轨道交通系统是一种较好的解决方案。但由于国铁的车辆、信号、供电方式、运营管理模式等与城市轨道交通不同，因此，需要首先解决系统间的兼容问题。

我国轨道交通基本实现了标准化的轨距，但考虑到运行能耗的经济性和对运行速度、车站间隔和制动等因素的要求，存在直流和交流两种供电模式。其中，直流电以城市轨道交通为主、交流电以铁路列车为主。长期以来，不同送配电方式一直是制约网络深度融合的瓶颈，双流制运行是实现更高水平轨道交通发展的关键。

双流制列车是同时搭载了交流、直流两种供电系统，能在交流和直流两种供电路线上全自动切换运行的列车。双流制列车可以从市域铁路直接进入城市地铁线路，实现市郊铁路与城市轨道交通之间的贯通运行，一车直达市内主要客流集散地，引导产业和人口向

图4-3　重庆市域铁路江跳线与重庆地铁5号线贯通运营（资料来源：https://www.cqrailway.com/contents/62/7480.html）

城市周边各级城镇聚集，全面提高城镇发展质量。

2021年10月，全国首列双流制列车在重庆下线，填补了国内轨道交通制式领域的空白。

双流制列车可以更好地促进城市地铁与市域铁路的融合，为未来上海轨道网络拓展提供了新的可能。未来，上海规划建设约1 000 km以市域铁路为主的市域线，其中约40%依托既有普铁线路的富余运能开行市域列车。双流制轨道车辆的投用，可为既有普速铁路服务城市客运交通奠定基础。

（二）新技术赋能

智慧城市建设是世界的大趋势，共享化、智能化、预约化将成为新的发展方向，轨道交通智慧化也是现代轨道交通发展的必然趋势。轨道交通智能化是应用云计算、大数据、物联网、人工智能、5G、卫星通信等新兴信息技术，全面感知、深度互联和智能融合乘客、设施、设备、环境等实体信息的综合系统。

1. 更智能的轨道车辆：安全可靠的智能列车

智能技术的广泛和深入应用，将使轨道车辆"头脑聪慧"。智能轨道车辆可融合应用感知、诊断、预测和控制算法等功能，智能感知车辆乘坐、行驶环境等状态，以安全性、稳定性和舒适性为目标，并与车辆自动驾驶技术结合进行决策判断，实现列车高效节能运行、事故主动预防、故障快速处置等功能。乘客在乘坐智能轨道车辆的过程中，不仅能体验安全可靠的智能行车，还能享受舒适便捷的智能服务。

2. 更智能的出行服务：轨道预约出行服务

随着实时通信、定位技术和云平台等智能技术的发展，轨道交通可以通过技术手段精准地匹配需求，采用预约出行[①]服务控制客流到达和精细化管控。

对于上海市这种超大城市，轨道交通预约服务主要应用场景可能有两种情况：一是在交通资源有限的情况下，通过预约出行将高峰时段高度集中的出行需求适度分散化，避免出行过度集中造成无序拥挤；二是在特殊时期，比如类似新冠疫情防控特殊时期，通过出行预约实现轨道资源合理配置和精准调控等。

（三）高速磁浮的复兴

在推进轨道交通网络化、服务均衡化的同时，提升轨道交通的运行速度，一直是轨道交通

---

① 预约出行是在交通运输系统中，利用移动互联网、无线通信等科技化手段，依托全局供需优化算法，为出行者提供一种需求响应式出行服务的模式，在资源短缺、供需不均衡的情况下可以有效避免低效无序问题的发生。

不懈的追求。高速轮轨系统①在迅猛发展，高速和超高速磁浮发展也在不断突破②。

我国地域广阔，粤港澳③、京津冀④、长三角等城市群核心之间存在快速联系的时间约束要求。高速磁浮既可以作为重要走廊上运能的补充，也能够提供相异于飞机和高铁的差异化出行服务。

高速磁浮与飞机、高铁相比，主要有两个特点。首先，在站点选址方面，机场多选址于城市中心区外，而磁浮站点可以深入市中心。其次，在运行时速方面，飞机巡航速度约为 800 km/h，高铁时速约为 350 km/h，高速磁浮时速约为 500~600 km/h，因此，高速磁浮可以提供接近航空的高速服务。

磁浮技术将成为速度大于 400 km/h 的高速轨道的主流发展方向。从丰富运输体系、带动相关产业、促进城市群高效联动等角度来看，高速磁浮在我国发展非常有必要。上海作为长三角城市群的核心城市，随着国家高速磁浮技术不断完善以及骨干通道的建设推进，需要对高速磁浮的通道和场站规划开展战略性预备研究。

综合目前国内外高速磁浮系统研究情况，高速磁浮技术主要分为 4 类：

一是较为传统的常导电磁悬浮技术⑤。上海市 2002 年开通运行的磁浮示范线采用该技术。

二是低温超导电动悬浮技术⑥。日本 2014 年启动了东京—大阪高速磁浮建设，线路采用该技术，预计 2027 年开通东京—名古屋段，2037 年开通名古屋—大阪段。

三是高温超导钉扎悬浮技术⑦。西南交通大学自 20 世纪 90 年代开始研究该技术，2020 年 1 月启用了世界首台高温超导高速磁浮工程化样车系统。

---

① 轮轨系统是指有车轮和钢轨所组成的系统。
② 2019 年，中共中央、国务院印发《交通强国建设纲要》，明确提出"合理统筹安排时速 600 km 级高速磁浮系统、时速 400 km 级高速轮轨客运列车系统等技术储备研发"，掀起了我国高速磁浮研究的新篇章。
③ 粤港澳大湾区包括香港特别行政区、澳门特别行政区和广东省广州市、深圳市、珠海市、佛山市、东莞市、惠州市、中山市、江门市、肇庆市。
④ 京津冀城市群包括北京、天津，河北省保定、唐山、廊坊、沧州、秦皇岛、石家庄、张家口、承德、邯郸、邢台、衡水等 11 个地级市。

⑤ 常导电磁悬浮技术的基本原理就是"电生磁"，即通电后产生悬浮，利用普通直流电磁铁电磁吸力的原理将列车悬起，速度为 400~500 km/h。
⑥ 低温超导技术的基本原理是"动生电"，即运动起来后产生悬浮。在列车车轮旁边安装小型超导磁体，列车向前行驶时，超导磁体向轨道产生强大的磁场，并和安装在轨道两旁的铝环相互作用，产生一种向上浮力，消除车轮与钢轨的摩擦力，起到加快车速的作用。
⑦ 高温超导磁悬浮是一项利用高温超导块材磁通钉扎特性，不需要主动控制就能实现稳定悬浮的技术。这里所谓的"高温"指的是零下 196 ℃，这个温度显著高于低温超导体所对应的温度要求（零下 269 ℃），意味着可以用更经济的方式实现悬浮。

图4-4　上海磁浮示范线实景图
（资料来源：网络）

四是超高速磁悬浮技术[①]，又称管道式磁浮，飞行列车、胶囊列车均属于这一类系统。高速飞行列车目前还处于关键技术攻关阶段，美国、英国、中国等国均在研发。

（四）城市局域轨道系统

在大型枢纽、城市核心区域或功能轴线上发展局域级轨道系统，也成为补充轨道交通主体网络、增强服务多样性的重要方向。在网络化的模式之外，枢纽内部轨道网络、功能区单轨等系统等成为其重要代表。

1. 枢纽内部轨道系统

大型综合交通枢纽是综合交通网络的关键节点，是各种运输方式高效衔接和一体化组织的主要载体。大型综合交通枢纽规模较大、区域辐射能力强，在区域网络中的节点价值高，是城市核心竞争力的基础性和战略性资源。新的发展时期，大型综合交通枢纽在体系构成、服务覆盖和开发导向等方面呈现出新变化：

（1）从枢纽体系构成上，由传统的单一中心节点转变为多功能节点。

（2）从枢纽服务覆盖上，由仅服务枢纽所在城市转变为服务都市圈、城市群。

（3）从枢纽开发导向上，由以交通转换为核心转变为既保障交通转换又兼顾地区开发。

从国际案例来看，内部轨道系统是大型枢纽地区功能链接的重要载体，建设枢纽地区的轨道系统对于提高枢纽组织效率、优化枢纽

[①] 超高速磁悬浮利用磁悬浮技术使得列车与地面脱离接触消除摩擦阻力，同时利用近真空管道大幅减小空气阻力，并以强大的加速能力和高速巡航能力，实现超高速运行，期望速度值在 1 000 km/h 以上。

空间布局、引导枢纽周边区域发展、提高枢纽资源配置能力等具有重大意义。

枢纽内部轨道系统俗称枢纽捷运系统，在机场枢纽范围设置较为普遍。目前全球旅客吞吐量排名前10的机场中，有8个机场已建设了独立的机场内部轨道系统，其中美国洛杉矶国际机场正在建设该类系统，日本东京羽田国际机场则利用单轨串联了机场和市区。因此，对于大客流的机场枢纽，内部轨道交通解决了场内高效运转、场外串接各功能节点的需求。

结合不同的枢纽特点、枢纽与城市的关系，机场内部轨道系统一般可分为三种类型：即内部独立系统、机场局域系统和城轨合用系统。目前我国机场主要发展的是机场内部空侧独立系统。而随着枢纽组织范围和城市功能融合需求的提高，与城市和区域轨道交通有链接的另外两种模式也在发展中。至于采取何种布局模式，需要认真分析不同的枢纽类型和其依托的主体轨道网络的功能，更要结合陆、空侧功能的差异，适应旅客直达机场出行链终端的需求，以下是3个国际机场的典型衔接模式：

（1）利用城市轨道交通引入枢纽内部多航站区，兼顾部分陆侧捷运功能，例如伦敦希斯罗机场。

（2）外部轨道交通接入主航站楼内部，由陆侧内部轨道进行接续式短驳，例如新加坡樟宜国际机场。

（3）外部轨道交通接入枢纽外部，末端陆侧交通中心；再通过陆侧捷运线连接各航站区，例如纽约肯尼迪机场。

从以上的模式可以看出，国外机场枢纽多航站区、多枢纽节点和交通中心的组织模式，其内部轨道系统在空侧与陆侧同步发展，并根据旅客及行李通关组织在关内和关外采用了不同组合。正如前述，我国的枢纽目前仍以场内的轨道短驳为主，但随着各大机场国际功能的增强和规模的扩大，已形成了枢纽城区或枢纽经济的效应。因此高效组织枢纽各节点交通衔接、激发枢纽地区发展活力需求也在不断提升。部分非机场的枢纽也存在同样的需求，例如海南自贸区设立后，其重要的二线口岸枢纽——新海港研究布置了枢纽内部、外部两套局域轨道系统。

2. 功能区单轨系统

在轨道交通已网络化的CBD城区、网络末端的园区或特殊功能区，也发展了部分局域轨道交通，并以单轨为主要模式。例如东京奥运会举办地的港湾区域、悉尼滨海和会展单轨、德国杜赛尔多夫校园单轨等，该系统同时也起到了短站距代步、通勤短驳的作用，丰富和补充了大运量轨道交通的服务，虽然游离于主体网络的边缘，但是仍有大量的发展需求。目前我国的局域轨道系统随着不断的推广，也进入了试点发展的时期，其中广

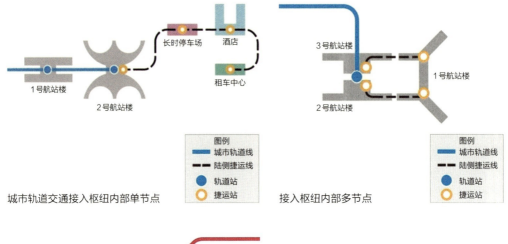

城市轨道交通接入枢纽内部单节点　　接入枢纽内部多节点

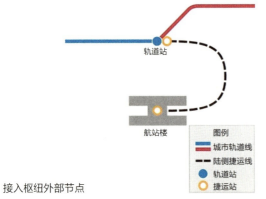

接入枢纽外部节点

图4-5　城市轨道交通与枢纽衔接的三种模式
（资料来源：作者自绘）

州珠江新城APM系统形成了较好的服务和运营效果。

广州市珠江新城中轴线，北起天河区燕岭公园，南至海珠区广州塔，全长12 km，是美感与现代感结合的产物。为了服务珠江新城核心区的交通疏导，满足其内部、珠江新城、天河商贸区与广州塔之间客流的交通需求，以及旅游观光购物的出行需要，规划建设了中轴线APM系统。该系统于2010年开通运营，是广州首条建成运营的自动导向轨道系统线路。线路起于广州塔站，贯穿珠江新城核心区域，止于林和西站（广州东站枢纽区域），呈南北走向。线路全长3.94 km，全部为地下线，共设置9座车站，均采用了地下车站，采用胶轮2节编组列车。中轴线APM系统是珠江新城中央商务区（CBD）的配套公共交通系统，以地下通道的形式打通了海珠区和天河区，满足中轴线功能串接、旅游观光、购物出行的需要。

图4-6 琼州海峡通道新海港捷运系统(资料来源:作者自绘)

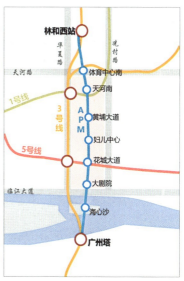

图4-7 广州APM线(资料来源:作者自绘)

图4-8 珠江新城中轴线(资料来源:https://www.gzci.net/GroupBusiness/info.aspx?itemid=104&lcid=7)

图4-9 广州APM线车厢（资料来源：作者自摄）

二、轨道生活新方式

在"人民城市人民建，人民城市为人民"的重要理念引领下，未来轨道交通发展将更加关注以人为本，服务人民需求，提供高品质的出行服务，创造人民向往的美好生活。

（一）全龄友好型轨道

城市包罗万象，人民群众对美好生活的追求各式各样，城市公共产品应当服务于最大比例的群众，让城市真正成为老百姓宜业宜居的乐园。因此，关注差异化的出行需求，尤其是收入弱势群体、老年人的出行需求，体现交通公平性，是未来城市交通发展的重要课题。

满足各年龄群体对美好生活的需求和向往，建设"全龄友好型城市"——这既是未来城市规划的发展方向，也是未来城市建设的目标，更是"人民城市"的本质要求。

老龄化是未来城市和交通发展面临的新难题，随着生活水平提高以及期望寿命的延长，老年人的出行意愿较以往更加强烈，不断扩大的老龄群体在公共交通出行活动人群中的比重持续增大。由于老龄群体生理机能的下降，其视觉、听觉、行动能力和心理特征等均具有特殊性。

现如今上海已全面进入老龄化社会，未来轨道交通将更加适老化，轨道服务将更有温度、更舒适、更贴心，更好地满足老年人的出行需求，实现城市让生活更加美好的目标。

（二）共享轨道空间

如今，共享经济支撑起了一种全新的有效且

多样化的生活方式。未来,共享模式还将继续影响城市生活习惯,带来城市功能的变革。

城市的本质,是一个人口高度集中的巨大公共空间。通过规划实现公共资源的共享化,建设共享城市①,需要开发利用更多的闲置空间和资源,向市民开放,提升市民享用的公共空间的数量和质量,促进社会的共享、包容和和谐。

建设共享城市,规划要先行。为了更好地发挥轨道交通的效益,未来轨道交通会实现越来越多的空间和服务的共享,让市民共享城市多元空间的魅力。

1. 设施空间共享

轨道交通空间共享包括轨道车站空间共享和轨道列车空间共享两种方式。

轨道车站空间共享旨在增强轨道站点的商业、生活、文化功能配套,丰富消费和生活场景,促进通勤与生活深度融合。目前,主要将零售、快消等商业业态植入轨道站内,实现轨道客流和商业客流相互支撑。未来,随着新型办公的兴起,轨道站点可以实现办公空间共享,例如,日本大都市区铁路公司在车站内开展共享办公室的业务。在共享办公室内的人们可以不受外界噪声影响,利用等车的间隙参与视频会议或处理手头工作、上网课等。

轨道列车空间共享指的是在客流强度不高、远距离乘坐比例较高的轨道线路上,轨道列车为旅客提供各类服务的共享空间,比如各类办公设备(如打印机和扫描仪)、手机充电器或各类连接接口等,实现轨道列车内部空间的共享。

2. 客货运输共享

城市轨道交通各时段客流并不均衡,非高峰时段线路运能存在明显的闲置与浪费。未来,利用轨道闲置运能开展物流快运,将会是一种快捷、安全、绿色的新型货物运输方式。该模式不仅可以减少资源投入,更能拓展物流运输手段,增加轨道公司运营收入,为城市物流提供新空间。

利用轨道交通开展物流快运目前属于新兴研究。国外城市中,德国萨尔布吕肯市以及瑞士苏黎世试行采用有轨电车进行汽车配件和原材料等运输。国内城市中,2021年,深圳地铁在全国率先试行"地铁行李驿站"服务,利用平峰时段提供机场乘客的行李运输服务。

快运物流主要包括集货、装卸和配送三个环节。利用轨道交通开展物流快运,在集货环节需要建立货物从地面运至轨道站台的路径,并按照货物去向进行分类编号。装卸环节需要采用人力机械协同方式进行货物装车。配送环节需要轨道列车车辆满足货运运输需求,

---

① 共享城市是建立在共享经济、共享社会基础上的一种城市高级发展形态。

分为两类模式，一种是轨道车辆全部为货运车，在平峰时段混入客运列车统一调度，另一种是客运列车部分车厢可满足货运需求，需要配合客运上下客时段完成装卸环节，以实现同步快速装卸。

由于以上三个环节的限制，上海未来利用轨道交通开展快运物流可能会在主城区边缘地带等特定区域，以及通勤占比高、高峰和平峰流量差距较大的特定线路上率先尝试。

（三）未来地下城市

城市轨道交通天然的地下属性、交通属性可以引导城市地下空间的聚集发展。轨道就像一根纽带，串联起沿线的地下空间开发。目前，主要是对单个车站节点进行地下综合开发。而在城市中心区，轨道站距短、换乘线路多，城市整体开发强度高，车站之间存在地下空间联系的需求。

为了更好地发挥轨道交通效能，提供丰富的空间体验和更便捷的路径选择，未来，将通过多个连续站点串联站际地下空间的形式，建设形成类似"地下城"的空间形态，进而

实现轨道交通由点状向带状，乃至整体片区的地下辐射拓展。

在《流浪地球》中，出现了地下城的概念，由于地表环境恶化，人类建立了地下城市，搬入地下居住。其实在现实中，就存在这样的地下城——加拿大的蒙特利尔地下城。蒙特利尔以中央火车站改建为契机，建设了10余个地铁站、30多公里长的地下通道、60座大楼、若干地下公共活动广场和大型商业中心相连接的地下城。蒙特利尔的地铁网络与中央车站以及主城区的地下城相连，人们从中央车站下车后可以通过地下通道直接进入地铁站，也可以通过任何一个与地铁相连的建筑大厦直接进入地铁网络或临近地下商业城。

三、轨道城市新空间

（一）与城市共生

新城市主义[①]主要包括传统邻里开发[②]、交通

[①] 新城市主义是20世纪90年代美国为控制因郊区蔓延而产生的城市问题形成的一个规划理论。
[②] 传统邻里开发（TND模式）强调功能混合，倡导发展公共交通，街道多而窄，街区较小且各具特色。

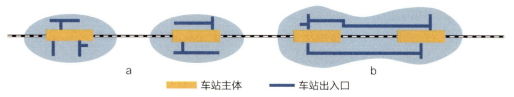

a. 单一站点地下各自联系；b. 站体和地下空间实现站际广泛联系
图4-10 站点与地下空间联系（资料来源：作者自绘）

图4-11 蒙特利尔地下商城图
（资料来源：网络）

导向开发①两大模式。某种意义上，15 min社区生活圈②、城市更新研究③也是践行新城市主义理念的当代举措。

"共生④"理念对于轨道交通与城市协调发展有着重大的意义。共生城市的理念实质就是通过城市各个构成要素协调促进，实现功能复合、互补和相互提升，实现"整体大于部分之和"的效果。

轨道交通作为城市公共服务基础设施，本身即是城市的有机组成部分，轨道交通与城市的"共生共荣"，主要体现在车站建筑本体和与周边区域协同发展两个方面。

首先，轨道交通为建筑综合体⑤提供源源不断的客流，通过将车站的交通功能与综合体的商业、办公、居住、文化、公共服务、景观休闲、停车等功能整合，让轨道交通和城

---

① 交通导向开发（TOD模式）强调地块与公共交通融合的区域发展，注重公交系统建设，以地铁、公交等公共站点为社区中心，建立集居住工作、商业服务、文娱教育等生活生产功能混合的组团。
② 社区生活圈是城市生活的基本单元，以适宜的步行范围为空间尺度，配置居民基本生活所需的各项功能和设施。上海提出在15分钟步行可达范围内，构建宜居、宜业、宜游的城镇生活圈。
③ 城市更新是一种将城市中已经不适应现代化城市社会生活的地区作必要的、有计划的改建活动。
④ 共生是指抛去个体的理念，去强调整体的概念，通过个体的共性将其整合为一个整体，强调城市的不同功能要相互依存。

⑤ 建筑综合体是由多个使用功能不同的空间组合而成的建筑。分为单体式和组群式两类，单体式指各层之间或一层内各房间使用功能不同，组成一个既有分工又有联系的综合体。组群式是在总体设计上、功能上、艺术风格上组成一个完整的建筑群，各个建筑物之间有机协调，互为补充，成为统一的综合体。

市相辅相成和建筑综合体紧密结合，实现"共生"。轨道交通综合体的内外空间功能都需要与整个城市生活相适应，以满足各类人群的各自需求。例如，日本大阪站历经五次改造，实现了商业、办公、娱乐、餐饮等功能的混合。大阪站由南北两座大厦组成，且从地下至屋顶分布了各类功能设施，通过结合南北连廊形成开放空间，人们在开放空间内通过扶梯、电梯等设施到达大厦内部不同功能场所，将多元化功能融入轨道交通综合体，在功能上兼顾交通和生活需求，建立了与城共生的公共空间。

同时，在车站综合体的设计上，需要综合场站定位及周边关系，选择"消失的场站"还是"标志的场站"的设计类型，实现轨道交通与城市的共生。"消失的场站"就是将轨道交通综合体隐入城市空间中，与周边建筑融为一体，如东京六本木站。"标志的场站"是将轨道交通综合体建设成城市的地标，成为一个具有标志性、地方性特征的车站。轨道交通综合体也需要结合所在区位和城市周边环境进行差异化设计。例如，在重要文化设施周边或者历史风貌区域，车站的设计应具有相呼应的文化特征，融入当地的环境；在大型公共设施比如体育场、演唱会场馆，周边的车站应该具有较高的识别性，可以快速疏散客流；位于绿地、郊野公园周边的车站，应与绿地环境相协调，塑造宜人、舒适的慢行空间。

轨道交通作为一种快速、大运量的交通方式，对城市空间、土地开发起到重要的导向作用。上海轨道交通发展迅速，如何让轨道交通融入城市的良性发展，避免城市空心化、"轨道卧城[①]"的产生，是未来上海轨道交通发展需要思考的问题。

要想解决这个问题，需要交通与城市规划协同发展的理念支撑。上海目前呈现扩散的多核非均衡发展阶段的特征，在这一阶段，核心区的资源要素开始回流到边缘区，城市由单纯的"核心—边缘"空间结构逐渐变为多核心结构。未来，上海应该向区域空间一体化的高水平均衡阶段发展。在这一阶段，地区间的不平衡及就业、收入、消费水平和选择机会等的差异会趋于消失，各地区的空间和资源可以得到更充分合理的利用，整个区域变成一个功能上相互依赖的城市体系。

轨道交通与城市综合体关联整合为整体，实现"共生"发展，可以产生连锁反应，既可以推动城市区域更新和交通设施改造，也可以通过功能的复合"留住人"，形成功能丰富且"24小时"富有活力的区域中心，解决逆城市化[②]发展的问题。

[①] "轨道卧城"是指依托于轨道交通的拓展，在大城市轨道交通沿线形成的、为中心区通勤人群提供相对单一的居住功能的城市片区。

[②] 逆城市化，是人口从大城市向小城镇甚至非城市区迁移的分散化过程，市区出现"空心化"，以人口集中为主要特征的城市化由此发生逆转。主要原因包括城市居民对生活环境自然化倾向的追求、大城市工业向外寻找廉价的土地和劳动力，以及发达的交通和信息技术。

（二）逆城市化

轨道交通为城市发展提供新增长空间，引导城市多中心空间结构[1]的形成，但伴随着城市扩张，轨道交通也一定程度上造成了城市的逆城市化发展。即便在以小城镇为主体的欧洲大城市周边，也出现了因轨道交通发展而形成的逆城市化现象。便利的交通条件导致核心城区功能被稀释，特别是随着城市老龄化不断加剧，中心城区"空心化"趋势日益显著，降低了城市原有的集聚效益和优势。

我国城市轨道交通发展是在快速城镇化、老城城市更新改造、新城和新区规划建设等多种城市形态并存中不断壮大的，通过轨道交通实现了城市各类要素资源在空间上的集聚和流通，极大提升了居民的出行可达性[2]，从而也拉大了城市空间骨架和格局。

当今，人们对于"轨道上的长三角""轨道上的粤港澳大湾区""轨道上的京津冀"等标签已耳熟能详，也对轨道交通给城市发展带来的优势和居民出行带来的便利津津乐道。在上海已经建设拥有全球第一大规模的轨道交通网络的背景下，如何更高效率、更好地应对逆城市化现象，需要对超大城市轨道交通的发展模式进行新的研究和思考。

未来，为了避免轨道交通发展稀释核心城区的功能，出现逆城市化现象，需要围绕轨道交通站点进行高密度混合开发，实现城市均质化发展。在轨道交通站点集聚效应的带动下，围绕站点布置城市公共空间，提供多样化的城市服务，为市民提供生活和交往的场所，用复合的功能吸引市民在站点周边区域聚集、停留及交流，避免城市在地域上职能分化、住宅郊区化和城市空心化的产生。

（三）城市郊区化

对于城市外围地区以及小城镇，居民出行空间较为"离散"、出行需求的集中程度不高，不利于发挥大运量轨道交通的优势。如何发挥轨道交通网络化带来的正面效应，提升轨道交通对小城镇居民的服务覆盖，探索轨道交通在小城镇的应用，将是未来上海轨道交通发展中需要积极回答的问题。

对于局域轨道交通的发展方向，往往会陷入制式之争，而忽略了如何以更少的土地资源占用、更低的建设运维成本、更加流畅的新老交通系统衔接和网络化运营提升公共交通服务。小城镇公共交通轨道化的目的是相对集聚城镇的目标而言的，制式的选择只是一个考虑的因素。

---

[1] 城市多中心结构指空间形态上分离的、功能上多样化且相互联系的城市空间集聚形态，在城市主中心之外形成多个次中心，与主中心形成竞争、合作和优势互补的关系。因其相对均衡的聚集形态，多中心结构在一定程度上可以提高城市的整体经济效能，起到疏解城市智能和减轻城市压力的作用。

[2] 提升出行可达性即提高了利用轨道交通系统从一个区域到达另外一个区域的便利程度。

随着城市郊区化现象日趋明显,上海中心城的周边城镇已非传统的低密度、低强度的乡镇形态,更多以小城镇的地域结构形态呈现,也需要为其提供更高品质、更高等级的公共交通服务,比如有轨交通服务。因此,如何将小城镇的交通网络纳入高等级轨道的服务范围,避免被个体机动车淹没,也需未雨绸缪。

电车—列车系统是一种可行的探索方案。城镇内部的有轨电车与市区和市域轨道交通的贯通运行,既可以实现城镇内对外的快速便捷联系,也可以实现城镇内部公共交通的广覆盖。

参考文献

第一章

[1] 上海市城市规划设计研究院. 大上海都市计划[M]. 上海：同济大学出版社，2014.

[2] 蔡君时. 世界公共交通[M]. 上海：同济大学出版社，2001.

[3] 上海市人民政府交通办公室，上海市经济学会. 上海交通1949-1988年[M]. 上海：上海科学技术文献出版社，1989.

[4] 孙平主，《上海城市规划志》编纂委员会. 上海城市规划志[M]. 上海：上海社会科学院出版社，1999.

[5] 上海城市规划设计院档案[B]. 上海：上海城市规划设计院.

[6] 上海市城市规划设计研究院. 循迹·启新：上海城市规划演进[M]. 上海：同济大学出版社，2007.

[7] 徐道钫. 不断认识、不断深入、不断优化——上海轨道交通系统规划过程的反思[A]. 中国土木工程学会隧道与地下工程学会地铁专业委员会第十二届学术交流会[C]. 1998.

[8] 徐道钫. 轨道交通——上海交通的唯一出路[J]. 上海建设科技，1994（3）：12-13.

[9] 徐道钫. 轨道交通：上海交通的唯一出路续[J]. 上海建设科技，1994（4）：15-16.

[10] 翁梦熊，徐道钫. 关于上海发展城市轨道交通的研究[J]. 上海铁道学院学报，1991（3）：59-70.

[11] 上海市人民政府. 上海市城市总体规划[R]. 上海：1986.

[12] 上海市城市规划设计研究院. 上海城市轨道交通模式研究[R]. 上海：1993.

[13] 上海市城市规划设计研究院. 上海城市轨道交通系统规划[R]. 上海：1999.

[14] 徐道钫. 上海市轨道交通规划与实施[J]. 城市规划汇刊，1999（6）：4.

[15] 上海市人民政府. 上海市城市总体规划（1999—2020）[R]. 上海：2001.

[16] 钱少华，张雁. 上海市城市轨道交通系统规划[J]. 城市规划汇刊，2002（5）：1-4.

[17] 上海市城市规划设计研究院. 上海市轨道交通基本网络规划[R]. 上海：2002.

[18] 上海市城市规划设计研究院. 上海市轨道交通系统规划[R]. 上海：2008.

[19] 上海市发展和改革委员会. 上海市城市快速轨道交通建设规划（2010—2015年）[R]. 上海：2010.

[20] 上海市发展和改革委员会. 上海市城市快速轨道交通建设规划（2010-2015年）调整[R]. 上海：2012.

[21] 上海市城市规划设计研究院. 莘闵轻轨交通线规划方案[R]. 上海：1993.

[22] 上海市城市规划设计研究院. 上海市浦东新区轨道交通PD-A线预可行性研究——线路设计[R]. 上海：1995.

[23] 上海市城市规划设计研究院. 上海市城市轨道交通系统规划方案[R]. 上海：1997.

第二章

[1] 上海市人民政府. 上海市城市交通白皮书[M]. 上海：上海人民出版社，2002.

[2] 上海市城市规划设计研究院. 上海市轨道交通规划实施评估[R]. 上海：2015.

[3] 美国交通运输研究委员会. 公共交通通行能力和服务质量手册[M]. 北京：中国建筑工业出版社，2010.

[4] 金昱，訾海波. 上海市轨道交通多网融合规划实践[J]. 交通工程，2020，20(5)：7-13.

[5] 金昱. 上海市轨道交通市域快线规划探索与实践[J]. 都市快轨交通，2021，34(5)：44-49.

第三章

[1] 新加坡陆路交通发展总蓝图（2013版）

[2] 香港铁路发展策略（2014版）

[3] 上海市人民政府编. 上海市城市总体规划2017-2035年[M]. 上海：上海科学技术出版社，2018.

[4] 上海市城市规划设计研究院. 上海市轨道交通线网规划（2017-2035）[R]. 上海：2017.

[5] 上海市城市规划设计研究院. 上海市轨道交通车辆基地布局规划（2017-2035）[R]. 上海：2019.

[6] 上海市第五次综合交通大调查成果报告.

[7] 上海市城市规划设计研究院，上海市规划和自然资源局，上海市交通委员会. 轨道交通规划设计标准[M]. 上海：同济大学出版社，2021.

[8] 上海市城市规划设计研究院. 上海市轨道交通局域线专题研究[R]. 上海：2019.

[9] 中华人民共和国住房和城乡建设部. 城市轨道交通线网规划标准GB/T 50546-2018[S]. 2018.04.25.

[10] 美国交通运输研究委员会. 公共交通通行能力和服务质量手册[M]. 北京：中国建筑工业

出版社，2010.
[11] 陈小鸿，等.多层次轨道交通网络与多尺度空间协同优化——以上海都市圈为例[J].城市交通，2017，15(1).

第四章

[1] 翟东辰."共生城市"视角下轨道交通综合体公共空间设计初探——以日本大阪站为例[J].建筑与文化，2018(9)：206-208.
[2] 桂学文，等.城市视野下的当代交通建筑[J].当代建筑，2020(10)：6-15.
[3] 古海波.高密度发展超大城市的空间结构选择——东京副都心规划建设的研究与启示[J].《规划师》论丛，2020：62-70.